THE COIMBRA
BOOK OF SAINT CYPRIAN

Ms. 2559
VARIOUS PRAYERS TO DRIVE AWAY THE DEVIL

INTRODUCTION, TRANSLATION, AND TRANSCRIPTION BY

JOSÉ LEITÃO

The following is an isolated publication of Ms. 2559, with an introduction specifically tailored for this current printing. A facsimile of Ms. 2559, as well as an extended introduction and additional material related to it, may be found in José Leitão's *Opuscula Cypriani: Variations on the Book of Saint Cyprian and Related Literature*, released by Hadean Press in 2019.

Contents

Introduction 9

Bibliography 21

Ms. 2559 English Translation 23

Ms. 2559 Portuguese Transcription 73

Introduction

For at least one hundred and twenty years, a small manuscript has rested in the Reserved and Special Collections of the General Library of the University of Coimbra. This, while technically referred to as Ms. 2559, was at some point in time given the title *Various Prayers to Drive Away the Devil*. Neither the library staff nor any Coimbra University historian knows exactly where it came from, what it is doing there, or how it came into the possession of the Library. It is just one among the many other anonymous manuscripts that an eight hundred year old institution tends to accumulate.

What is particularly tragic about Ms. 2559 is that the contemporary research preoccupation of the University of Coimbra, or Portuguese academia in general, or curiosity at large, does not, and cannot, ever come to understand what it was, is, and may yet be: Ms. 2559 is the oldest known physical copy of a Portuguese *Book of Saint Cyprian*. This is what I realized when, on a personal quest to discover evidence of Portuguese magic and its associated literature, I came across it in the Library. Be it arrogance or self-centeredness, while casually looking through its pages for the first time, it occurred to me that the reason no one had ever been able to identify this manuscript and rescue it from the unfair anonymity to which it had

Ms. 2559

been relegated, is simply because there is no one in Portuguese academia who has obsessed over the same texts as I have – the exacts texts which are essential for the identification of what Ms. 2559 is.

When reading through the seminal secondary sources on Portuguese magic and the local *Books of Saint Cyprian* in particular, the late 19th and early 20th century records and publications by José Leite de Vasconcelos, Teófilo Braga or Francisco Martins Sarmento, this form of literature is always associated with one single activity and preoccupation: magical treasure hunting. While this is an aspect of magical practice that has been somewhat side-lined in the contemporary age, treasure hunting was, and is, a fundamental historical preoccupation of magical practice worldwide. Records of it can be traced throughout most of recorded western history, from the Romans, through the Medieval and early modern ages, into modern Europe and the Americas, all the way to 18th and 19th century France.[1] In the Portuguese and Iberian world in particular, it is one of the main and most consistent staples of local practice and historical self-awareness – the notion that the space one exists in was previously owned and inhabited by many others before us, and these, dead or otherwise, have left their marks on and in the land.

The self-defining narratives of the Christian *Reconquista* of Iberia, the romantic tales of Christians and Moors, create a laminar landscape, where the contemporary individual is only the owner or

---

[1] See Dillinger, *Magical Treasure Hunting in Europe and North America*; López, *Tesoros, Ayalgas y Chalgueiros*; Davies, *Grimoires*.

inhabitant of the immediate surface of the earth, that which the Sun illuminates, for a mere inch into the ground is the land of serpents, ghosts and all which was before, literally a Godless land (this expression should be understood in both its fearful and tragic sense). Within the earth is the land we do not own, nor have power over, the land of otherness and strange races of men, perhaps not better than us, but surely more wealthy, powerful, and dangerous.

To walk into or engage with the underworld and its coveted infinite riches is always and forever a dangerous endeavor, where an unattended human, powerless as all children of Adam, cannot expect to ever succeed in his ambitions and foolishness. Thus, a rite is necessary, in which God, or one of his respected envoys, can be brought in to shine the way through the darkness. To look for treasure with such a ritual is to effectively Christianize and baptize the land where this treasure rests, to bring it out of the dominion of the Devil, the lord of otherness and buried things, and into the light of tangible understanding and possession.

In Iberia, it is the role and charge of St. Cyprian to aid the treasure-seeker. This is the Sorcerer-Saint, the one with one foot in each world, the spirit who knows both God and the Devil and the path out of the dark and into the light (as well as the opposite).

Thus, the reference to *Books of Saint Cyprian* as the *par excellence* tools for treasure hunting are nothing but natural. These can manifest in various ways, from deeply ingrained local folk tales which, through their narratives, effectively circumscribe and define the space occupied by a human community as well as

Ms. 2559

the danger of wanting to face the outside darkness unprepared or unaware of the consequences of doing so, to the concrete collections of magical material by ethnographer and folklorist. Among these, examples can be given by Vasconcelos, as collected near Porto:

> Once the book [of Saint Cyprian] is obtained, one needs an olive tree branch. The individual who has to cut it should arm himself with a sickle (so as the cut is swift), climb the olive tree at midnight sharp, and, as soon as the Sun rises over the horizon, immediately drop the sickle over the branch. Once the branch is cut it is necessary to have it blessed by a priest and afterwards select the day for the action, entering in this the priest and two extra men, so as each of these may hold a candle in their hand, lit while the act is being performed. Once the day is picked, meaning, the night following this day and which should be dreadful, the three men, around 12 o'clock, should go the selected place and there draw with a stick a circumference inside which they should kneel. The priest with his surplice and stole begins the prayer and afterwards blasts of fire will begin to appear which will reach the circumference but not cross it; the pine trees will fustigate the soil; there will appear a great amount of creatures, whose aspect is of the utmost ferocity, and at last Lucifer, who asks: "what wishes thee?" – and one responds: "we want the treasure

that is in such a place here and now." He may place his doubts with relation to the delivery; but do not heed or fear him, for he will forcibly deliver it. One should not fear when witnessing that fearful spectacle; otherwise nothing will be accomplished. After the treasure is received you should do the prayer for what is called the *imposta*. Then everything will start to retreat, being that nothing will be visible in the end; and the three characters can go home once the sum is shared.[2]

Or by Braga, as reported in the Minho:

In the Minho rods are used to discover treasure. These are two rods, of the size of two decimeters each; these are cut from a bush called holly, on the day of St. John, at the moment at which the Sun gives out its first rays. While these are being cut, the office of St. Cyprian is read. After this the rods are perforated and their medulla is extracted, filling these up with mercury to which the people call quicksilver; the extremities of the rods are covered with leather caps made as thimbles, and afterwards these are wrapped with braided straps as a whip. Thus prepared the rods can be used indefinitely to discover buried treasure. The process of finding this is long

---

2 Vasconcelos, *Tradições Populares de Portugal*, 305-306.

Ms. 2559

> due to its ritual; one goes at the break of dawn to the place where one suspects there might be a treasure, with a priest who reads The Book of St. Cyprian; the owner of the rods places them horizontally and balanced over his thumbs, and if the rods, while walking, oscillate towards the ground, it is because there is some metal there. Then one draws a circle on the ground, and all who are searching for the treasure go inside it, and while the priest goes on reading the office of St. Cyprian, they dig until they find the treasure.[3]

Understanding such reports and folk notions not merely as symbolic narratives, a problematic contemporary vice derived from the Occult Revival, but rather as concrete and factual descriptions of a particular form of literature autochthonous to the Portuguese North, is the key to interpret and finally dignify Ms. 2559. This is a consistent, coherent and concise book. It is a long lost orphan of a lineage of books which have become the stuff of legends and minor references by cynical positivist ethnographers. This is a *Cyprian Book* of treasure-hunting, presenting all details, steps and technicalities to re-create what had, by the time I found it in Coimbra, become a lost ritual.

As mentioned, much of this manuscript's history is still a mystery, and it will likely remain as such forever, yet, some of its material properties can still offer us some inkling as to its possible origin and age.

---

3 Braga, *O Povo Português*, vol. 2, 116.

Given its orthography and general use of punctuation, it is obviously not an excessively old text, and checking the watermarks present in the paper which makes it up does confirm this. Every of page of Ms. 2559 contains one of two distinct marks. The first of these is a general symbol, meant to identify the paper manufacturer, in this case, that of a rooster. While this is a fairly common paper manufacturer mark, it is most likely connected to the Gambini paper manufacturing family, from Genoa, active in the 18th century, and in particular to Giacomo Gambino.[4] Corroborating this is the second watermark, presenting the inscription '1772', the year of paper manufacture. To this number we may add an uncertain amount of years, since it is quite obvious that the paper used in Ms. 2559 was already quite old by the time this text was written on it. There is evidence of repaired pages, page damage which the author wrote around (meaning that the damage was anterior to the writing) and even previous stitching marks. All of this places this manuscript in the late 18th century.

Such is not an unexpected date, as historical evidence does suggest that the 18th century is where one finds the great increase and standardization of Portuguese (Cyprian-related) magical treasure hunting, an event also noted in Spain, Italy[5] and France, as mentioned by Owen Davies.[6] This particular type of

---

[4] My sincere acknowledgments to Dr. Maria José Santos of the Museu do Papel Terras de Santa Maria (the Paper Museum of Santa Maria da Feira), for the identification.

[5] Paiva, *Bruxaria e Superstição*, 160-161.

[6] Davies, *Grimoires*, 94-95.

specifically 18th century Cyprian book, then, seems to come into concrete form shortly before the date of creation of Ms. 2559, and this manuscript represents a form of magic book which had become the most recognizable among rural communities before the creation of its printed cousins in the mid-19th century.

Ms. 2559 is, among several other things, a historical artifact, and the source of invaluable insights into the local evolution of Cyprian-literature, a solid anchor we may grab on to in the middle of the sea of ambiguous references and lost names that magic scholarship always is. Every detail of its material nature and text offers the unwritten details of its use, and contextualized interpretation.

Ms. 2559, as it stands today, opens with a fold-out page of a clearly distinct origin and sturdiness, containing two crosses: one on the front, derived from what is usually referred to as the *Crux Angelica* (attributed to Saint Thomas Aquinas) and one on the back, derived from the Saint Benedict Medal, both of which suggest they have protective purposes. Furthermore, the material conditions of this fold-out page suggest that its current position in the manuscript was not its original one. Earlier creases can be easily discerned on this page which, if folded by them, would make it the exact size of the remaining manuscript pages. In its original 'binding', this initial page was thus likely meant and used as the cover of the rest of the manuscript.

In terms of internal structure, the text itself is divided into two parts, the first offering all prayers and actions to be performed for the act of treasure disenchantment, the process by which treasure is brought up from the earth and into concrete manifestation in the now, and the second all of the necessary technical details for the correct application of this ritual, such as instructions on the preparation of divination rods, ritual space and magical circle.

The first part, by itself, opens with a *Lorica* prayer. This is a prayer of Christian monastic tradition which gradually lists the several body parts of its user and summons a particular divine protection for them. This is followed by a 'challenge to the Devil', where evil spirits are ordered to retreat with the use of relics and a crucifix. These, as well as many other points in the text strongly suggest that this was meant to either be used by a priest or that a priest should be present at the time of ritual to provide liturgical assistance or to supply the operators with *materia sacra*.

The concrete treasure disenchantment appears after this. Supporting the previous claim, this section features the use of Holy water, incense and Latin Liturgical hymns and Psalms. This also contains elements clearly identifiable with the Prayer of St. Cyprian, a particular widely distributed composition, traditionally associated with protection against sorcery and evil spirits, but which is presented here with specific alterations in order to fit it to a treasure-finding context.

The second part of Ms. 2559 opens with two distinct instructions for the disenchantment, one using words and another using 'holy water' made with herbs. These seem to be meant for the preparation of the ritual space. In particular, given its location and subsequent instructions indicating that the disenchanters should offer 'courtesies', the specific

Ms. 2559

words used in the first disenchantment could possibly constitute the names of spirits meant to be summoned, either as treasure guardians meant to be banished or assistants in the ritual. This is followed by further instructions on how to use the previously prepared holy water and drawing of the circle, with additional references to Latin Psalms. Finally, two methods for the creation of divination rods are offered.

A particularly interesting aspect to these rods is that, throughout the full text of the manuscript, they are described as having two distinct purposes. The initial purpose, which is quite in league with magical treasure-finding procedures, such as those described by Vasconcelos and Braga, consists in aiding the practitioner in determining the exact location of the sought treasure. Their second purpose is rather more violent; they are equally described as weapons to flay and punish demons and evil spirits, driving them away from the location of the treasure. In this aspect, these rods have some similarities to the *boleante* rod mentioned in the contemporary printed version of *The Book of Saint Cyprian*.[7]

In closing, the ultimate meaning that Ms. 2559 had, back when it was young and powerful in the hands of those who feared and believed in it, or, more importantly, will have in the future, is a complete unknown. It is even debatable if we, who have made the effort to find, transcribe, translate and publish it today, are doing it an injustice. The nature of this

---

7 See Leitão, *The Book of St. Cyprian*, 70-73, Anon *O Grande Livro de S. Cypriano*, part 1, 104-190.

manuscript is perhaps not ours to understand in full; perhaps, to us today, it is already a part of the underground, the darkness of the past. It could even be that in printing it we are killing what made it socially and culturally powerful, that the press is the antithesis of its magic. Should that be the case, and these pages are to be filled with dead words, then let them be just that: dead words from which new magic and new meaning may germinate.

Ms. 2559, with its slave name of *Various Prayers to Drive Away the Devil*, was a magic book for the 18th century. The *Coimbra Book of Saint Cyprian* is one for the 21st.

José Leitão

BIBLIOGRAPHY

Anon., *O Grande Livro de S. Cypriano: ou Thesouro do Feiticeiro*, Lisbon: Livraria Economica n.d.

Braga, Teófilo, *O Povo Português nos Seus Costumes, Crenças e Tradições*, 2 vol., Lisbon: Publicações Dom Quixote 1995.

Davies, Owen, *Grimoires: A History of Magic Books*, Oxford: Oxford University Press 2009.

Dillinger, Johannes, *Magical Treasure Hunting in Europe and North America: A History*, New York: Palgrave Macmillan 2012.

Leitão, José, *The Book of St. Cyprian: the Sorcerer's Treasure*, n.p.: Hadean Press 2014.

López, Jesús Suárez, Tesoros, Ayalgas y Chalgueiros: *La Fiebre Del Oro en Asturias*, Grijó: Muséu del Pueblu d'Asturies 2001.

Paiva, José Pedro, *Bruxaria e Superstição: Num País sem «Caça ás Bruxas»*, Lisbon: Editorial Notícias 2002.

Vasconcelos, José Leite de, *Tradições Populares de Portugal*, Porto: Livraria Portuense de Clavel & C.a – Editores 1882.

Ms. 2559
Various Prayers to Drive Away the Devil

English Translation

℣ They ate and were excessively stuffed.
℟ God is the Lord of all such things.
℣ He ate the bread of the Angels and man.
℟ By his grace he sent abundance.
℣ Lord hear my prayer.
℟ Let my cry reach thee.
℣ The Lord be with thee.
℟ And with thine spirit.

First Fortification

✠ Firstly you shall fortify the parts of your body and that of your companions with the following prayer.

Imprint, Lord, on my forehead and that of my companions ✠ the banner of our salvation to drive away the infernal legions from our heads ✠. Place, Lord, the helm of salvation, to destroy, and root out diabolical afflictions and encounters. Enlighten, Lord, our eyes with the splendor of Sainthood, to escape the variety, or illusions of those who guard this place, and of those things which are placed in it ✠. Place, Lord, guards on our ears so as not to be offended by neither those bangs, riots, frights, nor the threats of the demons who are here, nor of those they may ask help from ✠ after this by words of mouth ✠.

Arrows of words with the fire of thy Holy Spirit, whose fire shall untie, and undo the power of the Devil, burning the enchantments, and reducing pacts to nothing, and any such arrangements, promises, conditions, bonds, signatures, agreements, and other things of the same sort, on whose circumstances

Ms. 2559

are placed all surrounding impediments. ✠ And the tongues be those storms, that with fury go forth to kill, break and devour these feral beasts in their roar with impetus and violence. Clothe, Lord, in a lorica, or chain mail, with the strength of thine power, our bodies, as a shield of thine Majesty, so as we may enter this place impervious to all the forces of hell, and without being offended we may be able to leave, and escape without danger. Compose, Lord, the shield of salvation to drive away these cursed guards of this hidden treasure: guide, Lord, our hands to destroy and root out the cursed enemies, to purge and root this place: Gird, Lord, our loins with thine strength, effort, and virtue ✠ to extinguish, and rebate the value of these, and to destroy and kill even their creator: to uproot, cast out, tear down, and destroy things of sorcery: confirm, Lord, our shoulders with thine strength, effort, and virtue ✠ to extinguish and counter their creator, and destroy and kill the same creator, to uproot, cast out, tear down, and destroy things of sorcery. Confirm Lord our loins with thine strength, effort, and virtue: confirm, Lord our feet as path and passage of peace in the entrance of this place, in the direction of those who guard it, gird us, Lord, with the sword of thine strength to kill these guards, and authors of enchantments, so as they may not prevent the entry, victory, and exit:[8] Show thyself, Lord, companion by faith; live and inhabit among us, and thus interceding together with the Blessed Virgin Mary, with all thine Saints, we may tame the wildness, and cruelty, ferocity and pride of these feral beasts.

---

8 Uncertain translation.

Various Prayers to Drive Away the Devil

<u>✷Immediately on your knees with your hands uplifted say.</u>

And us, imploring for thine mercy, and the name of Jesus, and Mary and Our Lord, we are emboldened against the enemies of Our Lord Jesus Christ with swords of faith.

My Lord Jesus Christ, favor thine servant; Holy Mary succor the miserable, aid the weak, give us effort and strength. Help us oh Holiest Trinity that thou art a single God. Amen.

Let us pray

Omnipotent Creator, I am garbed with the lorica, chain mail, or fortress, I am gird with thine warrior weapons for battle; Lord, if thou dost not aid me, in truth I shall fear in these harsh and cruel wars with the enemies, who are many, and are trusting in their ferocity, braveness, pride, and in their malice. So aid me, my Lord, for thou art not in the multitude of malice, nor in the great wickedness of the victor of war; but strength comes from Heaven: I plead to thee Lord, that thou allows that here thine Dignity may not be despised nor the unworthy servant crying in prayer; but rather as the trumpet rises, so does my cry rise in thine sight; and thus by the intercession of all thine Saints, may my prayer be heard in the scattering, and resolution of this enchantment, and in the confoundment of the enemy or their king, for the love of Christ.

Ms. 2559

> Immediately one will challenge the Devil with authority, and the remaining[9] shades by saying.

Oh wicked who took the treasure with all the virtues, with all the hopes and remedies; thou who bound the goods stolen from their masters in this place with enchantments so as these could not be of service to the ministries of Christians' lives; and because I have plead so much for the Divine honors, I shall be avenged of the bestial gift: be served with the cruel fields of the imprisoned souls of the fantastical hell: for with the invincible force of the name of the Lord, girt with the sword of faith, with the flying banner of the cross, we have come to speak with thee; and as we are succored by the strongest Lord of the strong hosts of God, who cast thee beaten into hell: for this, oh feral beasts, come to us, and be ready for this emerging war; for the clamor of the trumpet has risen to the Most High, and to the splendid Choirs, and the gathering of the Angels, so as to destroy thine enchantments, and swallow and devour these phantoms. I come armed to invoke the tremendous names of Jesus, terror of the hells, and Mary, terror of demons, and the multitude of all the Saintly Apostles, Martyrs, Confessors, and Virgins, so as they raise the flag of this cross under which those living will fight and the glorious be victorious.

As such, be parted from this place, undoing all enchantments, and removing the poison, if any such thing is in this place, so as thou may not feel the wounds of the paths of God.

---

[9] Uncertain translation.

Various Prayers to Drive Away the Devil

> Here you insinuate the relics, or show them saying.

Here is the society over which the Heaven is joyful, with whose sponsorship the earth and the world are joyfully rejoiced, with whose triumph the Holy Church is crowned; the stronger in most patience, the clearer in the honor; for as much as the fight has grown, the honor and glory of those who fight has also grown, thus, now accompanying these soldiers of Christ, we expect to win, and take forth the hidden treasures kept by thee, or which thou guards.

> Take the cross in your hand and on it place the relics saying the following.

I order thee, oh reckless demons, who aid or have aided these demons who defend this place, from the part of the Holiest Trinity, and of the whole celestial court, that no favor, aid or succor thou gives to these cursed guards, under any pretext, color or acquired disguise, or with thy enchantments; but immediately, like a straw shaking in the wind, scatter, and go to the place which God determined for thee, under the penalty which thou wilt immediately incur, with all the torments of the hells.

Here is the sign of the cross ✠ of eternal confoundment, be taken and quickly run, as the army of Holofernes, and in the same way as thou fell from the heavens, for Christ of the Tribe of Judah, and the generation of David, is victorious. Praise the Lord. Praise the Lord. Praise the Lord.

Ms. 2559

However, thou, demons who guard this treasure, and defend it under the enchantment, or pact; under the same penalties I order thee, that no ruckus thou shalt make, nor in any way hide the entrance to this treasure, or treasures, not only from myself, but also from these my companions. I also order thee by the part of God Omnipotent, and the Blessed Virgin Mary, and of all our Saints, that thou dost not offend, nor harm us, to all of us thou obey, reprimanding, rebating, and restraining these statues, reducing them to dust, and if any poison is hidden in this place, in the same way I order thee to remove it from here, and take it to forsaken places, where it may hurt no one; nor may thou move this treasure from the place the circle has been drawn, even the thickness of one hair, nor to the right, nor to the left, nor move it from that place to a lower place, but rather that thou raises it to that superior place ✠ on the surface of the earth, in such a way as it may appear before us and by us be taken, and enjoyed, without any change, nor diminishing of the things which are deposited in it, knowing that I order thee by the virtue of the Holy Cross and the power of Jesus Christ, that he may scatter thee and in the same way break thee, now and for all eternity. Amen.

> Immediately exorcise the place in the following way.

Thou, Lord God, heed, and place thine eyes in my aid:
℟ Lord be quick in aiding me.

Various Prayers to Drive Away the Devil

℣ Gloria Patri &cetera.
℟ sicut erat &cetera.[10]

Hear Lord my prayer and my cry.
Hear Lord, Lord, hear my prayer and my cry.
Hear Lord: The Lord is with thee.
℟ And with thine spirits.

Let us pray

Lord God who created all things succor the needs of thine creatures in such a way that these be made better for the use of the faithful rather than that of the enemies; do not consent that they enjoy, nor defend the entrance to those things which are kept in this hiding place and once found may these be given to the poor, and offered as suffrages for the souls of purgatory, by the love of Our Lord Jesus Christ.

As soon as your hand is on the treasure, say.

I exorcise thee with power so as the sorcery or enchantment which is within this territory, hiding the places of this treasure to the creatures of God is immediately undone, by the power and love of God Trine and One ✠ from which the Divine Verb was there made by his passion and cross of our bodies by means of the Holy Cross, dignified to redeem the world with his precious blood. As he constrained, casting demons out of our bodies, as with the defense of this holy sign, may all of the Devil's power leave

---

10 This is an indication to pray the Gloria Patri.

Ms. 2559

here, and may this place be made clean, obeying God and me, his unworthy minister, as a knowing creature who obeys its Lord and by the strength and virtue of Jesus Christ, of his Name, of his Holy Cross, and his Most Holy Mother, may all enchantments, pacts, and bonds be broken in thee, as any conditions, with which the Devil assailed.

Free Lord, the souls from the infernal attacks, and release these guards, and heal all cursed plague, evilness and deathly accident. So, be parted accursed, give up this entire place to the cross, and to the Savior, casting to the dirt the statues, where thou inhabits, and may the entrance to the treasure be made evident, without ruckus, bang, or damage by the love of Christ.

I exorcise thee creatures of gold, silver, beads, pearls, or diamonds, kept in this place by the nails of the Passion, and blood of Jesus Christ, with which the Holy Cross was honored, as that cross, of which this effigy or image is the very sign of the marked triumph, and was converted by the death of Jesus Christ: thus may thou, due to this address,[11] reduce the Devil to its ancient form over this enchantment into some other deformed thing, and also show the Victory of thine nature, making the sign of the cross, undoing any pact, casting out all the authors and creators of enchantments, for him who shall come to judge the living and the dead with fire.

Cast the holy water and say.

---

11 Uncertain translation.

Various Prayers to Drive Away the Devil

Defend me, my Redeemer by the Holy Cross; that I and this, thy holy banner, ✠ will penetrate in the most hidden place, and inclined to the earth of these accursed ones.

> Here all shall be on their knees, and the exorcist, with his hand on the cross shall read all the exorcisms in front of the cross at f.62, two, or all which are at the end of this work,[12] starting thus.

Vexilla regis prodeunt[13] &cetera with all three hymns at f.[14] vs°3 and which are Pange Lingua gloriosi Lauream Certaminis[15] and the other the Lustra sex qui iam peregit[16] &cetera.

---

12 I believe this is referring to the two incantations of the 1st General Disenchantment on page 63, immediately following the Pentagram (which the author seems to refer to here as a cross), seeing as the rest of the instructions of this manuscript after that are dealing with the preparation of magic rods.

13 This Latin line seems to be reference to the hymn 'Vexilla Regis' credited to Venantius Fortunatus (530-600/609).

14 This might indicate that the author wished to have these hymns integrated into this manuscript somewhere.

15 This Latin line seems to be a reference to the hymn 'Pange Lingua Gloriosi Lauream Certaminis', which seems to be a variation of the 'Pange Lingua Gloriosi Proelium Certaminis,' once again credited to Venantius Fortunatus, and which later inspired the hymn 'Pange Lingua Gloriosi Corporis Mysterium' by Saint Thomas Aquinas.

16 This Latin line seems to be a reference to a shorter variation of the 'Pange Lingua' meant for liturgical use.

Ms. 2559

Once these conjurations are finished, say on your knees.
I Invoke and invoke again the names of Jesus and Mary.

> Immediately say the following
> *

Oh most wicked demons, thee who guard this place, or underground chamber, with the riches and treasures placed in it, and defend, edify, populate, handle, and soil these creatures of earth, gold, silver, diamond, precious stones, or whatever they may be, that by thine works, pacts, and enchantments thou greatly concedes in making; I, unworthy sinner, with the Power of God and his Holy Apostles, who I enjoy, irrevocably cast thee, and cast again, that without the slightest dilation, with all contradictions removed, thou leaves this place to the place that God destined for thee, and leave this place of treasure free for the use of the faithful of the Trine and Omnipotent God, and of Our Lord Jesus Christ for distribution to the poor and miserable people, not being of any worth against my precept any bonds, pacts, agreements, magical oaths, and other similar things. Be gone in the name of Jesus, who orders the winds to obey him; be gone in the name of Mary, to whom thine power

---

Thus, these two last hymns listed in the text are actually two halves of the same hymn, which, if these are used in liturgy, they are usually broken up. So what is intended here is probably for the performer to read Fortunatus' 'Pangue Lingua' in its entirety.

is so much obedient; be gone in the name of Jesus, whom thou could never beat; be gone in the name of Jesus, who ordered Lazarus to resuscitate, and immediately he did; be gone in the name of Mary who triumphed as victorious over the whole of hell, and as thou always fled from Mary, so now by the invocation of her name, and forces of her virtue, do not wait, nor delay, nor be patient. As Jesus Christ subtly penetrated the temptation of Satan, so now by the invocation of his name let us be free of thine daring. Just as Mary stamped the head of the Dragon, so now by the invocation of her name, thine pride be humbly struck down. As Jesus Christ made the sea quiet and still, driving away the winds, so now by the invocation of his name flee from this place, and the peaceful apparition of this treasure be made. So, be gone and be parted. Give way to the banner of the cross, and obedience. Oh rebel dragons, I invite and conjure against thee, all the Angels of God, and Saints of Heaven, mainly those who thou art most contrary to, and who art most contrary to thee. In the same way I conjure against thee Lucifer and other demons thine enemies, that these afflict, torment, and multiply the torments until thou completely remove thine selves from this place, and deliver the treasure, without any deceit of enchantment, and without any lesion of sorcery, or poison; and may always the torments be increased forever; and lastly always against thee I will go in the name of Jesus who was born of the Virgin Mary and was made man.

Here is the sign of the Cross. ✠

Ms. 2559

And immediately the names of God, of Jesus, and of Mary should be pronounced. As the weapons of Divine Justice with which I, unworthy Minister of God, enter to decapitate thine heads.

Here is the sign of the Cross. ✠

Proceed with l.af2 as is mentioned, and ending with the exclamation of the names of Jesus, and Mary[17] say on your knees in front of the cross.

℣ Lord God, in thine name save us.
℟ And with thine effort free us.
℣ Give us the aid and succor of thy Holy name.
℟ And from the mount of Zion defend us.
℣ Be for us, Lord, a tower of strength.
℟ From the face of the enemy defend us.
℣ May the enemy make use of nothing in this burrow and this treasure.
℟ And the son of wickedness not be opposed by harming us.
℣ Heed Lord to the arch of thine virtue.
℟ Be ready to cast out the enemies of thine power.

---

17 This probably refers to the small section on page 27 after 'Immediately on your knees with your hands risen say': And us, imploring for thine mercy, and the name of Jesus, and Mary and Our Lord, we are emboldened against the enemies of Our Lord Jesus Christ with swords of faith.

My Lord Jesus Christ, favor thine servant; Holy Mary succor the miserable, aid the weak, give us effort and strength. Help us oh Holiest Trinity that art a single God. Amen.

℣ Be driven from here, Lord, thine enemies.
℟ And with thy single protection let us be defended.
℣ Heed Lord, and place thine eyes on our aid.
℟ Be quick Lord to aid us.
℣ Hear Lord our prayer.
℟ And our cry reach thee.
℣ The Lord be with thee.
℟ And with thine spirit.

Let us Pray

Lord Redeemer God, and protector of the human kind, we ask, and plead to thine clemency, do not allow that these gifts, which thou created for man alone be possessed by the Devil, and order that all enchantments be undone, giving us this treasure we ask for; and by virtue of thy Holy Name, order that all these phantoms be taken down, and undone, as all the manufactures of all hexes, for the love of Christ Our Lord. Amen.

Say the Psalm <u>Miserere mei Deus</u>,[18] and immediately after the following.

Lord God, and immense creator of all things heavenly, earthly, and of the very hells, to thee who is merciful, and embraces those who exercise mercy, now we supplicate and imploring thine mercy, we ask thee that these feral beasts thou hast cast from the heavens for their pride, that thou also forces them to leave this burrow so as these thine creatures may use this treasure; and that

---

18 Psalm 51 (50).

Ms. 2559

on the prideful who run from thine mercy, and do not wish for it, that thou uses thine Justice, casting them and throwing them out into their places, which thou determined for them, excommunicating them under the penalty of thine indignation, and the punishments which in them will be multiplied, so as they may leave this place immediately, leave this treasure unoffended, unharmed, unsnared, and without anything of poison, and phantoms, and remove themselves and leave this place, by the love of the Lord.

> Being it necessary use the rods, flogging the earth, as if possessed by a spirit, which is residing in it, and offer smokes to the shades in the inferior entrance of the burrow saying.

Behold most miserable demons what causes and affronts are done to thee: if by thine pride thou wert flogged by the obedient Angels, and thou fell from heaven, now thou art flogged by a mortal man; as a soldier of God I flog thee by the virtue of obedience, by the Power of God the Father, by the science of God the Son, and by the love of God the Holy Spirit. By the Birth, Passion, Death, and Resurrection of Our Lord Jesus Christ; by Mary always Virgin, by all the Angels, mainly Saint Michael; by Saint Peter, and Saint Paul and all the other Apostles; by all the Martyrs, mainly Saint Steven; by all the Doctors, Mainly Saint Gregory; by all the Hermits, mainly Saint Anthony; by all the Confessors, mainly Saint Francis; by all the Virgins especially Saint John the Baptist, Saint John Evangelist, Saint Catherine of Siena, Saint Teresa, Saint Potenciana; by all the Virgin Martyrs, mainly

Various Prayers to Drive Away the Devil

Saint Barbara, Saint Quiteria, and Saint Eulalia; by all the Saints[19] of heaven Saint Mary Magdalene, Saint Monica, and Saint Elizabeth of Hungary.

(being a brother or member of any brotherhood you may add here.)

By this Saint, or that Saint,[20] of whom I am an unworthy son. I flog thee not with small ropes of the veins; I flog thee not as a minister; I flog thee as a priest with humility, saying: God and Our Lord, have mercy on us according to thy immense piety.

While perfuming say.

Flee, flee, wicked ones. God the Father commands thee, God the Son consumes thee, God the Holy Spirit burns thee, Jesus and Mary with the union of all Saints command, consume, and burn thee, and I burn, consume and command thee by Saint F. Saint F.[21] and by the power and love of God, that I sink thee in the eternal fire.

---

19 Feminine form.

20 This is likely an indication to include a particular saint of your devotion or devotion of an organization you may be a member of.

21 These Fs probably stand for the Portuguese 'fulano', meaning an undetermined individual; thus, this is probably another indication for the performer to add saints of his particular devotion.

Ms. 2559

> Afterwards continue with the exorcisms which seem appropriate, changing the name of the creature into espelunca, which means burrow, latibulum, which means hiding place, or <u>locus</u>, which means place.

I conjure thee, oh wicked spirits, cursed by God, that or those to whom was given the guardianship of this treasure, that thou nominated thyself as God, and are blossoming in its offering; thou who hast, or had in thine hand the power of hiding it whole, or if thou guards it by enchantments of what blossoms on graves, image, or likeliness, where ever it is encased, be it on a mount, or in a river, or in the house of some Lord of some kingdom, or province and among all houses, thou who by the name of Jesus will be forced, and constrained, with any name by which thou art called, and crying by God the Father, God the Son, and God the Holy Spirit, one God who is on the sublime throne, who rules over all things: I conjure thee by the death and wisdom of Our Lord Jesus Christ, and by the most powerful name of God, and by that God who is seated in the high throne, One in essence, and Trine in Persons, of which all things depend, both in being, as not being conserved, as a true creator and conserver. Once again I conjure thee ✠ by all the glory and power of the Lord, and of all Divine Majesties; by the seven candelabra ✠ of Gold, which are before the throne of God; by the twenty-four elders, who are seated in the sight of God, calling on every day, never ceasing to say, Holy, Holy, Holy, Lord God of hosts; so as immediately after any mere enchantment is removed, and undone, and every pact resolved, thou gives me all of these treasures, with this idol called God, with that blossoming portrait, in this way and in the way in which until now it is here kept, inviolable, unblemished by poison, venom, or sorcery, nor transformation, or transfiguration of species, which was placed in some other part, and the place, or part in which thou keeps, enjoys, possesses and conserves this, immediately take this to my home, and place it in my presence, without ruckus nor rumors, and without any sign of any vision, do not molest the people who take it to my house, nor in any way harm me, nor any other person by virtue of the Holy obedience, and by the power of God Omnipotent, and of his blessed Apostles, and deliver it to me, and nothing of this treasure wilt thou not deliver to me, for it is total and absolutely better to receive it now, immediately, and without delays, in this place for the praise of God all mighty and of all the Saints, for the benefit of the souls who are in purgatory, and for the charity which will be exercised with our brothers in need. In another way by virtue of God the Father, God the Son, God the Holy Spirit,[22] by the authority of God Our Lord Jesus Christ the Nazarene crucified, for all which was said above, may that most wicked Lucifer, infernal spirit, be disturbed, and enraged, with all his subjects, and with all his strengths, and infernal preachers, wrathful

---

22 This particular composition of 'God the Father, God the Son, God the Holy Spirit' is a possible indication of New Christian influences on this text. In essence, it is an adaptation of the formula 'the God of Abraham, the God of Isaac, and the God of Jacob', and an implicit denial of the Trinity.

Ms. 2559

against all, with his rage and fury; and I cast thee now out by all the causes which we mentioned above into a vat of fire, and sulfur; and I cast thee also into the deepest hell, until Judgment day, as disobedient, so as with all infernal penalties thou be tormented, by all centuries of centuries.

Once again I banish thee wicked spirits by these Holiest Names of God ✠: <u>Eli</u>; which means strong God: <u>Elyon</u>; which means God; <u>Adonai</u>; which means Lord; <u>Shaddai</u>; which means God of the heavens all mighty ✠ <u>Tethagramaton</u>; which means God; <u>Alpha and Omega</u>; which means beginning and end ✠: <u>Messiah</u>: which means Christ, or Anointed: <u>Sother</u>: Savior: <u>Emmanuel</u>: which means God with us: <u>Sabaoth</u> ✠ which means God of the hosts, and the virtues ✠ <u>Sapientia</u>: which means wisdom: <u>Virtus</u>: ✠ which means virtue ✠ <u>Via veritatis</u>: which means the path of truth ✠ <u>Agios</u> ✠ <u>Otheos</u> ✠ <u>Athanatos</u> ✠ which all mean Immortal God, Lord God whom all hell should revere ✠, beginning and end ✠ and by the other names of God both known and unknown by both the mortal and immortal creatures, I bind thee so as in no way may thou keep the pact, nor guard this treasure, but immediately obeying me, deliver it to me and place it under my power with that simulacrum of a false God, and with all the things which are contained in that treasure, or in chests, or in other vases, or be them of gold, or silver, diamonds, precious stones, pearls, or margaritas, or any similar things; and may thou also not be able to separate, nor have power; but as Saint Francis turned the Devil into a donkey, Saint

Various Prayers to Drive Away the Devil

James by the demons brought Hermogenes,[23] Saint Gonçalo constrained the demons for the building of the bridge;[24] so do I order thee by the virtue of Holy obedience, and of all which was said above, deliver to me, and place in our hand the treasure which thou keeps here without the slightest delay; undone of every pact, enchantment, sorcery, witchcraft, illusion, or phantom, by he who shall come to judge the living and the dead and end the world with fire.

Beginning of the prayer of Saint Cyprian to unbind sorceries, enchantments &cetera

In name of the Father, the Son, and the Holy Spirit, who live and reign for all centuries of centuries. Amen.

I[25] Cyprian, servant of God Our Lord, gifted with my understanding, to God I plead saying: Thou, Lord God, strong and powerful, who lives in the high heavens, be thou forever praised: In the old times thou saw the malice of this thine servant Cyprian, and all other wickedness, and evildoings, by which I was placed under the power of the Devil, I did not know thy Holy Name; I bound women, and the clouds in

---

23 This is referring to the story of Saint James as related in the *Golden Legend*.

24 This is referring to the legend of the construction of the bridge over the Tâmega River by Saint Gonçalo of Amarante.

25 The original Portuguese text has 'We', instead of 'I'. My translation of this word is a very intentional deviation from the original.

Ms. 2559

the sky, so as it would not rain over the face of the earth, and this would not bear fruit; I bound the fish of the sea, so as these could not roam the paths of water; by the malice and gravity of my great and immense wickedness, women who were pregnant could not give birth; all these things I did in the name of the Devil. Now I know thee, and I recognize thee, my Lord Jesus Christ, and thy Holiest Mother the always Virgin Mary, I invoke thy Holy name, and I am fully yours, separated from the machination of my guilt and wickedness, and my entire and pure heart and all my will, I place in thy Holy Name: To thee sweet Jesus I recommend myself, for with the word of the Omnipotent God the Father, thou breaks all bonds of men, and women, and may rain fall over the face of the earth, and may the trees bear their fruit, women give birth without any lesion, the babies suckle the milk of their mothers; in their time may the fish in the sea be untied, and all the sea birds who roam the face of the earth, untie the clouds of the sky, and all other things; <u>all men, and women, treasures, or belongings of gold, silver, copper, or of other metal, in coins, ingots or in powder, diamonds or any other precious stones</u>, to which sorcery, witchcraft, or enchantments were made, during the day or night, may they be untied and unbound by thy Holy Name, and Omnipotent arm, and freed from any infestation of the enemy. Whoever brings this prayer with them, or if it is read to him, by its virtue may he be made free from all evil, and of all ill success, sorcery, witchcraft, enchantments, and carrying it with him, may he be free day and night from the Devil, from all his power, and his works by Our God and Savior: and as the dry

Various Prayers to Drive Away the Devil

stone was opened, so be open and patent this treasure, and let all which is in it be delivered to us, without rumors, ruckus, vision, enchantment, or phantom for the glory and exaltation of the same God and of his Holiest Name of Emmanuel which means God the Father, in virtue of whose name the dry stone was opened, and sprayed water which the Israelites drank; in the same way, thou my Lord almighty, free this place, and treasure of all sorcery, bond, or enchantment; and as long as this prayer is present, or is read over the said treasure, immediately be this patent to us, and be delivered to us so as we may enjoy it, as Elijah enjoys the earthly Paradise, from which a fountain springs, and from it come four rivers, these being Sizon, Atazon, Tigris, and Euphrates, from which thou ordered the waters for the whole world: By which things I beg thee, my Lord Jesus Christ Son of the forever Virgin Mary, Our Lady, may thou mistreat and sadden the cursed Devil, malignant spirit, so as no sorcery, enchantment or wickedness by him or his followers may operate in this place, or against this treasure we seek; but that all which is named here be taken down, and nullified, so as not to prevent the seventy two tongues, which are spread throughout the whole world; and any of its contraries be damned and excommunicated; and by the Angels be this place absolved, with all the treasure kept in it, and be free of all evildoings, sorceries, enchantments, which are made by evil men, and evil women; and in the same way may this be made free by the name of God, who descended over Jerusalem, by all the Angels, and Saints, by all of those who serve before the presence of Jesus, truly God, and truly man, so

Ms. 2559

as that cursed Devil may not have any power in the surroundings of this place and treasure, by bringing this prayer, and reading it over them, or wherever there is any sign, during the day or night, by the God of Abraham, the God of Isaac, the God of Jacob. The cursed enemy be excommunicated by the Holy Apostles Saint Peter, and Saint Paul, by the prayers of the Prophets, by the humility of the Priests, by the cleanliness and beauty of the Moon, by the sacrifice of Abel, by God united with the judges, by the chastity of Thus, by their kindness, by the faith of Abraham, by the obedience of Our Lady, that she relieved God, by the patience of Moses, by the eternal prayer of Saint Joseph, by the Holy Angels, by the sacrifice of Oxenes, by the tears of Jeremiah, by the prayer of Zachariah, by the prophesies, and by those who sleep praising God Our Lord, by the Prophet Daniel, by the words of the Evangelists, by the crown of Moses in tongues of fire, by the splendor of the Holy Blessed, by the sermons made by the Apostles, by the birth of Our Lord Jesus Christ, by his Holy Baptism, by the voice of the Eternal Father which was heard: this is my chosen and greatly beloved Son, in him I take great pride, that all people fear him, for he made the sea calm, and the earth bear its fruits, by the miracles of the Angels, which are with him, by the virtues of the Apostles, by the coming of the Holy Spirit, who descended upon them, by the virtues, and names which are in this prayer, by the praise of God who made all things, by the Father, by the Son, and by the Holy Spirit. If this is made of cotton, silk, linen, wool, or in the hair of a Christian, Moor, or Heretic, or in bones of birds, fish, or wood, or in a book, wax, stone, or on the grave of a Christian, Moor, or Heretic, or in a fountain, bridge, sea, or river, in a house, wall, lime, field, herbs and trees, or in an underground grave, in a parting of rivers, or crossroad, in a house made of wax, iron, lead, or in drinks: All these things be undone by this thine servant F— by virtue of thy Holiest almighty, and most high Name, forever. Amen.

2ND PRAYER OF SAINT CYPRIAN

I F—, by God Our Lord Jesus Christ absolve all evil sorceries, and enchantments, which are made by evil men, and evil women: in the name of God Our Lord, and of Abraham; great, powerful and glorious God, may they be destroyed and unbound from this place and treasure, where this prayer is, or is read, God shall come with his aid, love, and mercy, to destroy such men and such women, and in our aid and succor shall be Saint Michael, Saint Gabriel, Saint Raphael, and all the Holy Archangels, Angels, Thrones, Powers, Dominions, Cherubim, Seraphim and Virtues, and the orders of the Blessed Saint John the Baptist, Patriarchs, and Prophets, and the orders of the Holy Apostles Saint Peter, Saint Paul, Saint Andrew, Saint James the Greater, Saint James the Lesser, Saint Matthias, Saint Philip, Saint Matthew, Saint Simon, Saint Bartholomew, Saint Thomas, Saint John, and Saint Jude, and by all the orders of the Evangelists, Saint John, Saint Luke, Saint Mathew, and Saint Mark, four columns of the world which prevent nothing, nor damage any of the seventy two tongues which are spread throughout the world, by this absolution, and by the voice of Christ, when he called Lazarus from

Ms. 2559

the grave, free us God by the voice with which thou called Adam, saying: Adam: Adam; where art thee; Free us God by the virtue with which thou raised the infirm when thou told him: Rise from that bed, go home, and sin no more, of whose infirmity he had been ill thirty-three years; Free us God who created the heavens, made it rain over the earth, and this bear its fruits, by the Religion of Elijah the Prophet, by the Holiness of Israel, by all its Saints. Free us Lord, and this place with the treasure in it hidden from the power of the Devil and his followers and their enchantments, sorceries, and witchcrafts, so as it is delivered to us, and we may enjoy it, by virtue of the Holy Name of Emmanuel, which means God be with us. Amen.

Conjuration of the same

If with evil sorceries, and enchantments of the Devil, and of envy, or made of gold, silver, lead, or in any other metal, or in trees or of any sort, thou attempts to impede us, oh evil spirits, so that we may not be able to take and carry this treasure with us, all these sorceries, enchantments, and witchcrafts be destroyed, and taken apart, and no thing stop us from here on out, even if the same sorceries and enchantments are in any idol, for only God lives whom the heavens ✠ the Earth ✠ and Hell obey and to whom every tongue confesses, is the Lord Omnipotent: in this way we trust in Jesus ✠ Christ, whose name is sweet ✠ in delectable Jesus Christ; and thus with his Holiest Name he parts, and strikes fear and terror in demons, in this way by this sweetest and most delectable name of Our Lord Jesus Christ will flee every demon, phantom,

Various Prayers to Drive Away the Devil

or wicked spirit in the company of Satan, and all his companions to their residence in hell, where they shall stay permanently.

Fumigate the place with blessed incense, saying.

By this incense, which is fumigating the sacrifice offered to the omnipotent God, and by these strong words, I order thee that thou immediately leave this place, and leave it free of all sorcery, bond, and enchantment, or any other evil things such as poison, so as it does not harm, nor offend any creature, and leave all the belongings in it of gold, silver, coins, balls, ingots, margaritas, or precious stones, without transmuting it from that species in which it was deposited, or placed, or place it in some other place, nor sink it lower by the thickness of one hair, rather, by the strength of these same words, have it risen up, and placed over the surface of the earth, with greater augmentation of quality, and quantity than it had when it was placed here all of which thou hast usurped as the infernal thieves that thou art, and leave it for those whom God created it for, which was for men.

I absolve this place, with everything in it of all evil sorceries, doings, enchantments and bonds which are made by evil men, and evil women by their malice, or envy, by the name of the God of Abraham, the God of Isaac, the God of Jacob, great powerful and most glorious King, to unbind all evil things from this place, and its treasure, that we seek, and whoever hears this prayer and reads it over some place, God will appear to him, and favor him with all the love, and Our Lord be with them and with me Saint Michael,

Ms. 2559

Saint Gabriel, Saint Raphael, and all the Angels, Archangels, Cherubim, Seraphim, Thrones, Powers, Principalities, Virtues, and Dominions praise thee, the praising of the blessed, Saint John the Baptist, all the Patriarchs, and Prophets, with the prayers of the Apostles Saint Peter, and Saint Paul, and all the other Apostles, and Evangelists, and all the prayers of the martyrs, who have died for Jesus Christ Our Lord, by all the remaining Saints of the Church of God with their praises, and by the coronation of the Saintly Prophet and King David, may none of the seventy two tongues which are spread throughout the world stop him, by the voice of God, when he said to Adam: Adam, Adam, ubi es? Adam where art thou, by the virtue by which the sick was risen, when God told him: Rise, take thine bed, go to thine home, and from this day forth sin no more: from which infirmity he had been ill thirty-three years; Absolve us God, who opened the heavens, and made it rain over the earth, and this bear its fruits; by the sign the same Lord sent Jeremiah; by the humility of Joseph, by the patience of Job, by the holiness of Moses, and by all the Saints of God; Free, Lord, this place and treasure of all evil things, and also us who stand here present by all of thy Holiest Names which are: Adonai : Hosana : Messiah : Radix David : Emmanuel: and all other Names both the known and written in the holy scripture, as those of which we have no knowledge; undo all things which prevent us from taking this treasure; separate from it all evil sorcery, enchantment, bound, knot, and all evil venture, even if this is made on an idol of silver, gold, wire, cotton, linen, wool, hemp, or in the hair of a Moor, bones of a fish, wood, book, in some figure,

Various Prayers to Drive Away the Devil

stone, grave, dead man, mount, separation of rivers, crossroad, house made of wax, Moor, Jew, wall, river, fountain, bridge, house, attic, cliff, field, vine, tree, or in any other thing, may it all be undone, untied and unbound; and if the treasure is in gold or silver, or in any other metal of Supreme value, and is transmuted into any other species, may it be immediately reduced to its own state and quality, in which God created it, or it was in when it was placed here. I anathematize thee, evil spirit, one or many, in whatever way thou may be, that thou mocks, and possesses this place and treasure by enchantments, bounds, superstitions, sorcery, or by any other diabolical art, I anathematize thee by the power, and universal virtue of the King of Kings, Lord of Lords Jesus Christ, who appeared in the world to untie and undo all the works of Satan, and I ask this same Lord to untie them, and make them untied and unbound, as the Blessed Apostles Saint Peter, and Saint Paul untied curses, works, enchantments and superstitions made by Simon Nembron: as the Blessed Apostle Saint Bartholomew healed the wounds and sores which were moved by the idol Astaroth; as the Prophet Joseph discovered the secrets, and divinations of the wise men of Egypt; as King Amplora tied the finger of King Goa, in the same way be untied and unbound the ancient arts, enchantments, and divinations made over this place and treasure: for this I place, and implore to the most precious Redemption of Our Lord Jesus Christ so as his most Holy Names undoes the binding of the art of sorcerers and sorceresses, and all their binding, enchantment, and diabolical superstition be untied, and removed from this place and treasure by he who shall come in the end of the world to judge the living, and the dead. Amen.

Exorcism of Saint Cyprian

℣ Our aid is in the Name of the Lord.
℟ Who made the heavens, and the earth.
℣ The Name of the Lord be praised.
℟ Now, forever, and without end, Lord, have mercy upon us.

> Say the Our Father three times: and lead us not into temptation, but deliver us from evil.

℣ May the enemy use nothing in us.
℟ And the son of wickedness not oppose us with harm.
℣ Lord send the Holy aid.
℟ And defend us from Zion.
℣ Lord be for us the tower of strength.
℟ From the face of the enemy.
℣ Lord hear my prayer,
℟ And my cry reach thee.
℣ The Lord be with thee.
℟ And with thine spirit.

Let us Pray

God, who conceded to the blessed Cyprian, thine confessor the virtue of casting out demons from any place, we ask thee that by the prayers and worth of his virtues thou concedes to us that we may cast out these demons who guard and defend this place and treasure, by Jesus Christ Our Lord &cetera.

Various Prayers to Drive Away the Devil

Let us Pray

All the Holy Angels, Archangels, Thrones, Powers, Dominions, Principalities, Virtues, Cherubim, and Seraphim, do not cease to cry before God, saying Holy, Holy, Holy, God, and Lord of hosts and virtues, spill and spread the precious deprecations, and plead for me, frail sinner before the Most High God our Lord, so as he may have compassion, and mercifully forgive my sins, cover me, support, defend, and remove me from all temptations, and in this way make me pass by all temporal possessions, so as not to abandon the celestial pleasure of eternal life, by the love of Jesus Christ. Amen.

Let us Pray

Oh supreme Saint Michael, Prince of the heavenly militia, Supreme Prelate, and most upright Minister, who in the presence of God watches vigilantly, I ask thee that with thine pleas thou favors me, miserable sinner so as with compassion and thine intercession, I may be worthy of being removed from the diabolical struggle, and by thine intercession be presented before the Majesty of God.

Let us Pray

God of the Angels, the Archangels, the Prophets, the Apostles, the Martyrs, the Confessors and the Virgins, God the Father of Our Lord Jesus Christ. I invoke thine Name and the clemency of thy Divine Majesty, and humbly ask that thou chooses to aid me against

Ms. 2559

these most wicked spirits, for the love of he who shall come to judge the living and the dead, and the world with fire.

The exorcist rises and says the following prayer.

Eternal Father of the most Holy Jesus Christ ✠ omnipotent Creator ✠ The Most Glorious body of Christ sanctify us ✠ the Most Holy blood of Christ save us ✠ The Most Virtuous sweat of Christ ennoble us ✠ the most bitter Passion of Christ heal us ✠ good Jesus Christ comfort and guard us ✠ and this place and treasure ✠ and hide us in his wounds and do not allow that this treasure be taken from this place, but rather it be immediately delivered in the same form in which it rests, and is defended by the guards who hide it ✠ and free us from these infernal spirits, and of everything which may prevent us from enjoying this treasure, so as we may praise thee together with all the Angels and the Blessed. Amen.

Here is the cross of Our Lord Jesus Christ ✠ Flee opposing enemies ✠ For from the tribe of Judah ✠ the Lion is victorious ✠ Of the generation of David ✠ the uncreated Father wishes to pursue thee ✠ The uncreated Son wishes to pursue thee ✠ The uncreated Holy Spirit wishes to pursue thee.

My Lord Jesus Christ who made the heaven and the earth, and praised the River Jordan, on which thou wished to be baptized, look on to sanctify this place, and treasure, thou who lives and reigns with the Father and Holy Spirit for all the centuries of centuries. Amen.

Various Prayers to Drive Away the Devil

Read the following Psalm
Exurgat Deus &cetera[26]

CONJURATION OF SAINT CYPRIAN

In the Name of the Holiest Trinity, Father, Son, and Holy Spirit, Amen. I Minister Exorcist of the Holy Catholic Apostolic Roman Church, by authority, founded in the Passion and Cross of Our Lord Jesus Christ, to me given over serpents, and scorpions, asps, and basilisks, over the Lion, and dragon, I terminate all evil doings, enchantments, bounds, signatures, pacts, works, disturbances, and any other torment of any quality, or however made over this treasure, or by diabolical art, as the Eternal God constituted the seventh of the days, from here forth thou may not disturb, nor keep this treasure, by virtue of he who surrounded with the waters the seventh, which cannot be passed, by he who established all the thrones of the earth, and of the sea, and the very sea, from the populated to the deserted; by he who fixed the land of Canaan; by he who finished every place, the desert, and mount Sivabo, until the great Euphrates river, and from there to the occidental sea; and finished the earth beyond the river Jordan; as God omnipotent with the creation of the word ended the light of the day of darkness, and parted the waters below the firmament from that which was above the firmament; and separated the waters which were under the heavens to some place, and ordered the herbs, woods, and trees to bear fruit, and seed for their

---

26 Psalm 68 (67).

Ms. 2559

propagation; as he allowed the Moon to shine less, so as to preside over the night, stars, and the firmament of heaven, and the Sun to preside over the day; as he created every living animal who inhabits the waters of the sea in its species, and all those which fly according to their generation; and created the donkeys and all such beasts of the earth, to whom he ordered to walk over the earth according to their species; and placed, the Omnipotent God, these created things under the power of man, who he had created in his image and likeness, and by virtue of the same God who broke the evil doings, enchantments, bounds, signals, sorceries, disquietness, disturbances, torments, and all the most diabolical arts, be this place, and treasure free from the torments of demons: cast over us God thine blessing ✠. And I with thy holy name may drive away all evil doings, and cast the blessing, so as God may be praised forever. As the same God praised the seventh day, and sanctified it, as he cast a blessing over Noah and his children, and cast a blessing over Abraham; glorified his name among the Saints, blessed Melchizedek, offering him bread and wine, so may he bless us, and this place and treasure which we seek, and free it from the infestations of the Devil. Be praised, my exalted God, who defends us from the enemies who wish to disturb us.

Cast onto us, God, thine blessing, so as we may enjoy these goods we seek, and also the goods of the celestial Jerusalem, as thou blessed Jacob; so as all sorceries, bounds, enchantments, witchcrafts and any other phantoms be exterminated, destroyed and annihilated from this place, and treasure, so as we may enjoy it, quiet and peacefully and by the

Various Prayers to Drive Away the Devil

power given to me, I untie, annihilated, and destroy any and all blockage made by Satan, or his followers; so as we may thus deserve to reach the blessing of God, his mercy, and the fruit of what we seek in this place, so as using these goods as we should, we may see his divine face, and enjoy his most Holy glory for all eternity. God Our Lord be with us, the clamor of victory be with us, so as we may be as the rising Moon, and as the Lion to frighten away the ancient serpent, and destroy all evil doings; and God be our omnipotent aid. God Our Lord reach thy mighty arm over us, and free us from these cursed demons who vex us, and intend on stopping us; as thou blessed Mount Gerizim, Obed-Edom, and all of his house, so be this blessing against the northern wind, so as nothing may frighten us, further may the Omnipotent God, and Our Lord, remove all these feral beasts, and their followers from us, this place, and this treasure, prostrate and annihilate their falsehoods, and by these celestial blessings make them fall at our feet, and in our sight, frustrating all their evil doings, enchantments, bounds, witchcrafts, and anything else intending on embarrassing and frightening us; May the same Lord hear us, and guard the place of this treasure, by the blood of his Only Begotten Son shed in our redemption, from all infestations of demons and by his most Holy Name, praised, blessed and glorified in heaven, and earth. God be with us, and by the virtue he showed on the rock which sprang water for the Israelites to drink, and that he freed them from the land of Egypt, and from the power of Pharaoh; and for the love of Moses, and Aaron, his servants, place his omnipotent right hand filled with a great blessing

Ms. 2559

over this treasure, and fill it with eternal blessings as in the beginning of the world he placed Adam in Paradise, from which he made emanate a great river, and he divided it into four rivers, Bizon, Gion, Tigris, and Euphrates, which he ordered to water the entire world; as no one may contradict his Divine will, so may no one be allowed to disturb this treasure sought in this place, which, by the omnipotence and virtue of the same God, shall be delivered; and free us from all evil and danger, treasons, frauds, and diabolical arts, so as nothing of this may disturb us; but that that evil spirit and his evil doings be repelled by God, and may he be cursed with an awful curse, excommunicated, and irreparably cursed by the worth and perfection of all the Angels, and Saints of God. And I, by my power, absolve, untie, and free this treasure from the power of the ancient serpent, by Jesus Christ Our Lord, Son of the Living God.

Cast the holy water and afterwards say.

I as a Minister of Christ destroy, and cast out from this treasure all evil doings, enchantments bounds, signs, and all works made by the diabolical art of sorcerers, all the infestations, disturbances, and vexing of any sort made in it so as Satan, his Ministers, and followers be gone, leaving it free by the sacrifice of Abel; by the guard of the Angels; by the strength of Saint Michael Archangel; by the Annunciation of the Angel Saint Gabriel to the Most Holy Mary; by the medicine of Saint Raphael for Tobias; by the sacrifice of Enoch; by the liberty of Noah; by the sacrifice of Isaac, whom God redeemed by the Angel; by the

Various Prayers to Drive Away the Devil

sacrifice of Melchizedek; and by all the sacrifices of the priests; by the chastity, and beauty of Joseph; by the patience of Job; by the love and humility of Moses; by the religion of Aaron, by the prayers, mysteries, and virtues of the Psalms of David; by the lamentations of Jeremiah; by the prayer of Zachariah, by he who Moses saw face to face; by all the Saints who praise God without ever ceasing; by the voices of the Angels, who continuously sing Sanctus, Sanctus, Sanctus, Dominus Deus Sabaoth, pleni sunt coeli et terra, Gloria tua; and by the Only Begotten Son of God, Jesus Christ Our Lord, who shall come to judge the living and the dead in the end of the world; by the clarity, Divinity, and splendor of the body of Christ; by the celestial lights; by the sermons of the Apostles; by the tongues of the Evangelists; by the blood and constancy of the Martyrs; by the prayers and fasting of all the Confessors, Monks, and Virgins; by the Birth of Our Lord Jesus Christ; by his baptism; by the voice of the Eternal Father, which casts thunder; and during the baptism of his Only Begotten Son said: This is my beloved Son, in which I take great pleasure; by the same Christ, and the virtues of his miracles; by that miracle made by the same Christ, converting water into wine in the marriage at Cana in Galilee; and by he who multiplied the bread and fish, and fed fifteen thousand men in the desert; and when he resurrected Lazarus; by the miracle he made, making tranquil the sea, making the winds cease; walked and made Saint Peter walk over the waters; by the same Lord who was crucified, killed, buried, and resurrected on the third day; by his admirable Ascension, and of a thousand million Angels which with him rose up to

Ms. 2559

heaven; by the coming of the Holy Spirit over the Apostles, and by all the miracles that the same Lord performed and fulfilled: I absolve this treasure of all evil doings, enchantments, bonds of sorcerers, signs, works, and deeds of these, to all I place an end, cast out, tighten, constrain, scatter, destroy, and tear out, so as from here forth they may not harm this treasure, and the place where it rests; and may all be destroyed, as the same God destined the waters of the deluge, and all the substance of the surface of the earth, and drowned Pharaoh with his entire army in the waves of the Red Sea; as he destroyed the King of love, and the nefarious cities of Sodom, Gomorrah, Admah, and Zeboim; as he destroyed the gentile Hararite, and Ahaziah; as he destroyed Holofernes, Jezebel, and the Philistines, prophets of Baal; as he destroyed the accusers of Daniel, and the Demons who were on the boats. May God absolve us, and this place and treasure of all bound of sorcery and evil doing, be they made in the air, or in lead, gold, silver, silk, linen, wool, bones of a living or dead man, animals of the earth, birds, fish, baize, virgin line, and in anything of linen, or with words, or herbs, in stones, hair, smokes, straws, or in any other creature, or be they made in the grave of a Jew, lands of rustics, heretics, Christians, in walls, woods, mounts, vales, caverns, or fountains; or may they be in the Orient part or the Occident, or at Midday; or be in dresses, or circles, crossroads, houses, walls, beds, houses, or things of a house; or be they in trees, a burrow, well, or cistern, or at sea; or in the abyss; or in the woods, forest, or underground thing; or be it in the division of the seas, or of rivers; or in statues, iron locks, or of wood; or be it in a drink,

Various Prayers to Drive Away the Devil

or in food, or in any other place, or made in any way, and even to kill: All this be undone and reduced to nothing, by virtue of the Holiest Name of God, and of everything else mentioned, leaving this treasure free from all which prevent us, and thou, Lord, free it, and us, of all diabolical temptation, and of the evil spirits, and phantoms, and the power of the Devil, and of all evil bonds, and dangers both spiritual and temporal. Amen.

> Read in the end Psalm 66 of feria 4^a ad matutinum.[27]
> And Psalm 90, Qui habitat &cetera, and immediately after the following orison; God who conceded to the Blessed Saint Cyprian f.20 with all the other until f.21.[28]

---

27 The morning prayers of Wednesday.

28 This refers to a section of the 'Exorcism of St. Cyprian' above, from the 'Let us Pray' on page 52 through 54.

Ms. 2559

1ˢᵗ GENERAL DISENCHANTMENT.

Manica : Manica : Menua : Senua : Ranua : Merua : Ladualha :

You should offer three courtesies around the place of the treasure, and immediately proceed.

Callado : Callado : Callado : Caquudo : Cobode : Parricano : Ludiz : Deniduo : Sibiduas : Palideo :

All the words above should be said three times, with the mentioned courtesies, and with them one may enter into any treasure.

2ⁿᵈ General disenchantment through herbs

℞ Viloto, or releto,[29] leaves of knotgrass,[30] leaves

---

29 This plant has left me baffled. It might be a plant of the *Viola* genus, or some other *Violaceae*, but this is entirely a supposition.

30 Likely *Polygonum aviculare*.

of ash tree,[31] tetterwort, or celandine,[32] sowthistle,[33] onions, garlic, rosemary water, all of these boiled with border water,[34] and very well spread around the place where one has suspicions that the treasures is, and immediately these will be unbound, and disenchanted.

Preparation for the disenchantment

Firstly take the holy water, and cast it over the place, and around it: All shall say the act of contrition, and the Litany of Our Lady, asking her for help and aid, and also the Psalm Miserere mei Deus,[35] until the verse Tibi solis peccavi, and a few more asking God for mercy; Immediately start with conjurations and prayers, and with the conjurations of Saint Cyprian: Afterwards make a wide circle around the entire place so as to dig inside this; Immediately one shall conjure the demons with penalties of obedience for the place which was nominated for them, so as they may not prevent the removal of the belonging from that place, nor they move it, nor sink it and conserve it in the same species in which it was placed there, without transmutation, or reduction, nor any separation,

---

31 *Fraxinus excelsior.*

32 *Chelidonium majus.*

33 Either *Sonchus oleraceus* or *Sonchus asper* but most likely the first.

34 Uncertain translation. Should it indeed be 'border water', this is likely water from a river used a natural border between two counties, regions, countries, etc.

35 Psalm 51 (50).

Ms. 2559

under penalties of obedience to the Father, Son, and Holy Spirit.

One proceeds with the Psalms, and conjurations while it is being removed, and once this is done, conjure the Devil so as he may not have any more power in that belonging, casting holy water, washing what is found in this: the place should be immediately exorcised so as the Devil will be driven from it, and never return; and in case of any visions, conjure them with precepts, so as these may not prevent, or disturb the removal of that belonging, casting some holy water: If there is a phantom, creature, or any other animals, one should not fear: be attentive, and conjure them to deliver everything, as was placed, imposing penalties of obedience and precepts banishing them to hell.

The rods should be made of an olive tree which does not bear fruit, and these should be cut on Palm Sunday, and blessed with the remaining branches, and these should be offered that entire week until Friday, and these should be a part of the closing until the Ascension of the Lord.

<u>Renunciation of every pact</u>

Method of making the rods

In the name of the Father, and the Son, and the Holy Spirit. Amen Jesus. I conjure thee, precious rods by the Lord who made thee, that in any place or part where there is gold, silver, minted or unminted coins, minted pieces of gold or silver in any way they may be, precious stones, or silk cloths; that at the same time without bending to any other place, which is not that where there are the belongings I seek, thou bends without any delay by the most Holy Names of Jesus Christ may thou bend down all together, as the Archangel Gabriel came down to the Virgin Mary Our Lady, and greeted her saying Hail Mary full of grace, the Lord is with thee, as the day of the Birth of her blessed Son was celebrated by the Stars, Angels, and men, as in the day of his circumcision was the same Lord taken to the temple by the same Virgin his mother, and was there offered by her, and the old Saint Simeon received him, and took him in his arms, and on the day of his Epiphany he was worshiped by the Three Mages Kings Caspar, Melchior, and Balthazar with great devotion, who, coming from their kingdoms were seeking him, and upon finding him offered incense, gold, and myrrh, and returned to their lands, in this way may the same God show us by means of these rods the treasure we seek: as Saint Helen found the Holy Cross in Jerusalem; and Jesus Christ the Savior of the world said on the Cross to the thief Dismas who was at his right hand, today thou shalt be with me in Paradise, and bowing his head expired, in this way thine rods will say and show the truth. Our Father, and Psalm 109 Dixit Dominus &cetera.[36]

---

36 Psalm 110 (109).

Ms. 2559

Another shorter one

Precious rods, I command and request in the Name of the Father, and the Son, and the Holy Spirit that thou shows me with all truth the correct place where this treasure that I seek is, be it in gold, silver, coins, ingots, balls, margaritas, precious stones, or in any other things of the same value and worth; and I also order thee in the name of the same Lord, do not bend to any other part, except to the place of the same treasure, and should there not be any of the above mentioned things, bend upwards, or remain unmoved, without ever failing truth. Precious and blessed rods, I also ask and command thee by the hair of Moses, by that of the Magdalene, and by the embassy given by the Archangel Gabriel to the most Holy Mary Our Lady, Virgin before labor, during labor and after labor, forever Virgin; and in the same way that thou knows it, thou shalt manifest it to me clearly and without any failing.

Christ is victorious, Christ reigns, Christ rules, Christ defend us from all evil, and give us eternal glory. Amen.

> Blessing of the consecrated rods to whip demons, and to discover and show the place where treasure is, and any other things.

Various Prayers to Drive Away the Devil

Exorcism

℣ Our aid is in the name of the Lord.
℟ Who made the heavens, and the earth.

I exorcise thee, rods, creatures of God, by the love of he who created thee, and all green grass that produces seed, and made the trees of fruit according to their generation, as it seemed good to the same God; so as thou wilt not have any communication with the apostate Angels, cast out of heaven; but may thou be exorcised rods, ✠ and blessed ✠ to drive away demons, show clearly and patently the place of any treasure of gold, silver, margaritas, precious stones, such as diamonds, or any other of great value, or of whatever quality they may be or any other things they may be, as long as of a great price, and also of stolen, or lost things, from ancient times, and to give certain answers to all things already mentioned, and made by thee, without falsehood, nor may thou lead astray he who uses thee, rather always show the truth, in such a way as this may be clearly seen, and with certainty, for the love of Jesus Christ who, on the wood of the cross, defeated Lucifer and his followers, in the Name of the Father, and the Son, and the Holy Spirit. Amen.

Let us pray

Eternal and Omnipotent God, who with thine virtue thou places beneath thine feet all bodies, thou changes the natural virtues, and infuse admirably in thine creatures, the pleasure of the Divine Majesty so as we may follow thee alone, as God Omnipotent,

Ms. 2559

who only works admirable things: humbly we plead to thy Divine Majesty so as thou may cast a blessing on these exorcized rods. Cast on them Lord the blessing, as thou cast it over thine Only Begotten Son in the baptism on the Jordan; sanctify these rods ✠ as thou sanctified the rod of Moses, and the ark of the covenant; cast on them the blessing ✠ as thou cast it on the vigilant rod; sanctify these rods ✠ as the rod of Israel of its inheritance; as the rods of King Ahasuerus; as the wood of the cross was sanctified with the most precious blood of thine Only Begotten Son; as I in thy Holy Name ✠ cast a blessing, and sanctity them, so as thou may infuse the strong virtue of thy Divine Justice over these rods, so as they may show us and make patent with all clarity the places of treasure of gold, silver, precious stones, diamonds, and any other things of great price and value; and also clearly show us things of great price and value; and also clearly show stolen and lost things, and the times which have passed, and all the above mentioned with all truth and security, in such a way that whoever in the Holiest name of God may use these rods with security, without fear of offence, or deceit of some diabolics, of the ministers of the Devil, and his followers neither during the day nor the night; but rather these be the whip and persecution of them by virtue of the excellent name of God, and firstly consecrated for all the things mentioned above, and secondly for the gathering and whipping of the demons who surround and guard the places of treasure, as the rod of Moses and Aaron, converted into a serpent, swallowed and devoured dragons and basilisks. Consent Lord that these rods may perform admirable things, as the others performed in Egypt; may these rods have such solid strength in punishing, as iron rods finishing, and shortening, and annihilating the pride of demons and their ministers. Finally, cast over them Lord thine blessing ✠ and sanctify them ✠ so as they may be strong rods, clearly showing any and all treasure, stolen, hidden or lost things, and also the good and bad weather, without fallacy or deceit, casting down demons into hell, as the Archangel Michael cast them from heaven, by virtue of the Holy Name of God. Amen.

Cast the holy water.

Ms. 2559
Various Prayers to Drive Away the Devil

Portuguese Transcription

℣ Comerão e forão fartos demasiadamente.
℟ Deos he o Senhor de todas aquellas couzas.
℣ Comeo o pam dos Anjos e do homem.
℟ Pella sua graça lhe mandou a abundancia.
℣ Senhor ouvi a minha oração.
℟ O meu clamor chegue a vós.
℣ O Senhor seja com vosco.
℟ E com o vosso espirito.

Fortificação Primeira

✠[37] Primeiramente fortificará as partes do seu corpo e dos companheiros com a oração seguinte

Imprimî Senhor na minha testa e de meos companheiros ✠ a bandeira da nossa salvação para afugentar as infernais legioens de nossas cabeças ✠. Ponde Senhor o capacete da salvação, para destruir, e desbaratar os diabolicos acometimentos, e encontros. Alumiai Senhor os nossos olhos com o resplendor da Santidade, para fugir a variedades, ou illusioens dos que guardam este lugar, e aquellas couzas que estão postas nelle ✠. Ponde Senhor guardas a nossos ouvidos para que não nos ofendam aquelles estrondos, motins, espantos, nem ameaças dos demonios que aqui estão, nem dos outros a que pedirem ajuda ✠ depois disto pois por palavras e de boca ✠.

Settas de palavras com o fogo do vosso Espirito Santo, o qual fogo desate, e desfaça o poder do

---

[37] This cross seems to be drawn in a different ink, which suggests a later addition.

demonio, queimando os encantos, e reduza a nada pactos, e quais quer concertos, promessas, condiçoens, ligaduras, signaturas, concordias, e outras couzas da mesma sorte, em cujas circunstancias estejaõ postos ao redor os impedimentos. ✠ E as lingoas sejam aquellas tempestades, as quais com furia vão por diante para matar, despedaçar e comer estas bestas feras no seu rugir com impeto e violencia. Vestî Senhor hũa lorica, ou saia de malha com a fortaleza do vosso poder nos nossos corpos, com o escudo da vossa Magestade, para que possamos entrar para este lugar inexpugnaveis contra todas as forças do inferno, e sem sermos offendidos possamos sahir, e escapar sem perigo. Componde Senhor o escudo da salvação para affugentar estes maldittos guardas deste tesouro escondido: encaminhai Senhor nossas mãos para destruir e desbaratar os maldittos inimigos, para despejar, e desbaratar este lugar: Cingî Senhor os nossos lombos com a vossa fortaleza, esforço, e virtude ✠ para extinguir, e rebater o valor destes, e para destruir e matar ao mesmo seu creador: para desterrar, lançar fora do termo, derribar, e destruir couzas de feitiços: confirmai Senhor os nossos hombros com a vossa fortaleza, esforço e virtude ✠ para extinguir e arrebatar ao creador destes, e para destruir e matar ao mesmo creador, para desterrar, lançar fora do termo, derribar, e destruir couzas de feitiços. Confirmai Senhor os nossos lombos com a vossa fortaleza, esforço, e virtude: confirmai Senhor os nossos pés, como em caminho e passagem da paz na entrada deste lugar, na disserção dos que o guardam cingi-nos, Senhor, com a espada da vossa fortaleza para matar estes guardas, e autores dos encantos, para que não nos possam impedir a entrada, victoria, e perca:

Various Prayers to Drive Away the Devil

mostrai-vos Senhor companheiro pela fé; vivei e morai entre nos, e assim juntamente intercedendo a Bem aventurada sempre Virgem Maria, com todos os vossos Santos possamos amansar a braveza, e crueldade, fereza, e soberba destas bestas feras.

✶<u>Logo de joelhos com as mãos levantadas diga.</u>

E nos implorando a vossa misericordia, e nome de Jesus, e de Maria, Deos e Senhor nosso, vamos arrojados contra os inimigos de nosso Senhor Jesus Christo com as espadas da fé.

Meu Senhor Jesus Christo favorecei vossos servos; Santa Maria soccorrei aos miseraveis, ajudai aos fracos, dai-nos esforço e fortaleza. Dai-nos auxilio Ó Santissima Trindade que sois hum unico Deos. Amen.

Oremos

Creador omnipotente eu estou vestido com a lorica, saia de malha, ou fortaleza, e estou cingido com vossas armas guerreiras para pelejar; Senhor, se vos me não ajudais, na verdade temerei nesta aspera e cruel guerra aos inimigos, que sam muitos, e se confião na ferocidade, braveza, soberba, e na sua malicia. Portanto ajudai me Senhor, porque nem na multidão da maldade hides, nem na muita maldade e exercito do vencedor da guerra; mas a fortaleza vem do Ceo: Rogo-vos Senhor, que me concedaes que aqui não desprezem a vossa Dignidade, e o indigno servo que clama na oração; mas assim como a trombeta sobe, assim meu clamor suba na vossa vista; e assim intercedendo todos os vossos Santos, seja ouvida a minha oração no espalhamento, e rezolução deste encanto, e na confusão dos inimigos ou do rey delle por amor de Christo.

Logo desafiará ao demonio com imperio, e aos demais(?) vultos dizendo.

Ó maldittos que levastes o thesouro[38] com todas as virtudes, com todas as esperanças e remedio; vós que ligastes os bens alheios furtados a seos senhores neste lugar com encanto, para que não sirvão aos ministerios da vida dos Christãos; e por que tanto que pedi as Divinas honras, da bestial dadiva hide ser vingado: sirvão aos crueis pastos as almas do inferno fantasticas em custodia: porque com a força invencivel do nome do Senhor, com a espada da fé cingidos, bandeira da cruz tremolando, vimos fallar com vosco: e como nos soccorre o fortissimo Senhor dos exercitos fortes de Deos, que vos precipitou vencidos no inferno: por tanto, ó bestas feras, chegaivos a nós, e apressaivos para esta guerra principiada; porque o clamor da trombeta ja chega ao Altissimo, e aos esplendidos Córos, e ajuntamentos dos Anjos, para que destrua os vossos encantos, e trague e devore a estes fantasmas. Armado venho para invocar os tremendissimos nomes de Jesus, terror dos infernos, e Maria terror dos demonios, e a multidão de todos os Santos Apostolos, Martires, Confessores, e Virgens, para qual empanhem a bandeira desta Cruz de baixo da qual os que vivem prilitarão e os gloriosos vencerão.

---

38 This word is written in different ink and a slightly different size. This is likely a later correction of some kind.

Por tanto, apartaivos deste lugar, desfazendo todos os encantos, e levando o veneno, se algũa couza está neste lugar, para que não sintaes as feridas dos caminhos de Deos.

Aqui lhes insinuará as reliquias, ou lhas mostrará dizendo.

Eis aqui em cuja sociedade o ceo se alegra, com cujos patrocinios a terra e o mundo dão jubilos de alegria, com cujos triunfos a Igreja Santa he coroada; quanto for mais forte com a paciencia, tanto he mais clara na honra; porque enquanto cresceo a peleja, cresceo a honra e gloria dos que peleijam, assim agora nos acompanhados com estes soldados de Christo, esperamos vencer, e levar por diante os escondidos tesouros guardados por vós, ou que vos guardaes.

Tomará a cruz na mão e nella porá as reliquias dizendo o seguinte.

Mandovos, ó temerarios demonios, que daes ou haveis dado ajuda a estes demonios que defendem este lugar, da parte da Santissima Trindade, e de toda a Corte celestial, que nenhum favor, ajuda ou soccorro deis a estes malditos guardas, por qualquer protexto, cor ou disfarce adquirido, nem com seos encantos; mas logo como hũa palha que arrebata o vento, fujaes, e vades para os lugares que Deos vos deputou, de baixo da pena em que logo haveis de incorrer, com todos os tormentos dos infernos.

Eis aqui o signal da Cruz ✠ da eterna confuzão, hide arrabatados e precipitados fugindo, assim como o exercito de Olóphernes, e do mesmo modo que cahiste dos ceos, porque vence Christo da Tribo de Judá, e da geração de David. Louvai ao Senhor. Louvai ao Senhor. Louvai ao Senhor.

Porem vos demonios, que guardaes este thesouro, e o defendeis de baixo do encanto, ou pacto; debaixo das mesmas penas vos mando, que nenhum estrondo façaes, nem de algum modo encubraes a entrada deste thesouro, ou thesouros, naõ somente a mim, mas tambem a estes meos companheiros. Tambem vos mando da parte de Deos Omnipotente, e da bem aventurada Virgem Maria, e de todos os nossos Santos, que não offendaes, nem façaes mal, a todos nos obedeçaes, reprimendo, rebatendo, e refreando estas estatuas, reduzindoas a pó, e se algum veneno esta escondido neste lugar, vos mando da mesma sorte o tireis dali, e o leveis para os lugares desamparados, onde a ninguem possa fazer mal; nem aparteis este thesouro do lugar em que foi posto do circulo a grossura de [hũ] cabello, nem á direita, nem á esquerda, nem o levais daquele lugar para lugar mais inferior, mas antes o levareis para aquelle lugar superior ✠ na superfície da terra, de modo que apareça diante de nos e por nos seja levantado, e gozado, sem alguma mudança, nem diminuição de couzas que nelle estiverem depositadas, attendendo que vos mando em virtude da Santa Cruz e no poder de Jesus Christo, que vos aparte, e da mesma sorte vos quebrante agora, e por toda a eternidade. Amen.

Logo exorcizará o lugar pela maneira seguinte.

Various Prayers to Drive Away the Devil

Vós Senhor Deos, attendei, e ponde os olhos na minha ajuda:
℟ Senhor apressaivos para me ajudar.
℣ Gloria Patri &cetra.
℟ sicut erat &cetra.

Senhor ouvi a minha oração e o meu clamor.
Senhor ouvi, Senhor, ouvi a minha oração e o meu clamor.
Senhor ouvi: O Senhor seja com vosco.
℟ E com o vosso espirito.

Oremos

Senhor Deos que criaste todas as cousas socorrei as necessidades das creaturas de sorte que sejam melhores para o uso dos fieis do que dos inimigos; não consintaes que gozem, nem defendão a entrada para aquellas couzas que estão guardadas neste esconderijo e achadas possão ser dadas aos pobres, e offerecidas pelos sufragios das almas do purgatorio, pello amor de nosso Senhor Jesus Christo.

Logo esteja a mão em cima do thesouro, e digas.

Exorcisovos com poder para que o feitiço ou encanto que está na largura deste territorio, escondendo os lugares deste thesouro ás creaturas de Deos fique logo desfeito, pelo poder e amor de Deos Trino e Uno ✠ do qual o Verbo Divino foi feito ali pela sua paixão e cruz dos nossos corpos por meio da Santa Cruz se dignou remir o mundo com o seu precioso sangue. Assim como constrangeo, lançando os demonios fora

Ms. 2559

dos nossos corpos, assim para a defesa deste santo signal saia daqui todo o poder do demonio, e se faça lugar limpo, obedecendo a Deos e a mim ministro indigno, como creatura sensível, que obedece a seu Senhor e pela força da virtude de Jesus Christo, de seu Nome, de sua Santa Cruz, e de Maria Santíssima sua Mãi, se desfaça em ti todos os encantos, pactos, e ligamentos, e quais quer condiçoens, com as quais o diabo accomettia.

Livrai Senhor, as almas dos accomettimentos infernaes, e as soltai destes guardas, e curando toda a peste maldita, maleficio e mortal acidente. Portanto apartaivos malditos, dai todo este lugar á cruz, e ao Salvador, pondo por terra as estatuas, onde habitaes, e se faça patente entrando para o thesouro, sem rumor, estrondo, ou damno pelo amor de Christo.

Exorciso-vos creaturas de ouro, prata, aljofares, perolas, ou diamantes, guardados neste escondrigio pelos cravos da Paixão, e sangue de Jesus Christo, com a qual a Santa Cruz foi honrada, assim como aquella cruz, da qual esta effigie, ou retrato he o proprio signal do assignalado triunfo, e foi convertida pela morte de Jesus Christo: assim vos por causa desta morada(?) reduzas na antiga forma ao demonio sobre o encanto feito em outra couza disforme, e ja agora mostreis a vossa Vitoria, da vossa natureza, fazendo o signal da cruz, desfeito todo o pacto, escarrecendo de todos os autores e creadores dos encantos, por aquelle que hade vir a julgar os vivos e mortos com fogo.

Lance agoa benta e diga

Defendeime, Redemptor meu pela Santa Cruz; que eu [e] esta vossa Santa bandeira ✠ penetrarei o mais occulto, e inclinado á terra destes malditos.

Aqui se porão todos de joelhos, e o exorcista com a cruz na mão lerá todos os exorcismos diante da cruz a f.62, dous, ou todos os que estão no fim desta obra, começando os assim.

Vexilla Regis prodeunt &cetera. com todos os tres hymnos a f.Vs°3 e que sam Pange Lingua gloriosi Lauream Certaminis e outro Lustra sex qui iam peregit &cetera.[39]

Acabados estes conjuros, se dirá de joelhos.
Invoco e torno a invocar os nomes de Jesus e Maria.

Logo dira o seguinte
*
Ó malvadissimos demonios, vos que guardaes este lugar, ou camara subterranea, com as riquezas e thesouros postos nelle, e defendeis, edificaes, povoaes, manehaes, e sujaes a estas creaturas da terra, ouro, prata, diamantes, pedras preciozas, ou quaes quer outros que sejam que por vossas obra, pactos, e encantos mui grandemente se concede faze-lo; Eu indigno peccador, com o Poder de Deos e dos seos Santos Apostolos, do qual gozo, vos mando irrefragavelmente, e torno a mandar, que sem a

---

[39] The name and instructions on the hymn to be used are done in a different ink, implying that this might have been a later addition.

minima dilação deposta toda a contradicção, saliaes deste lugar para o lugar que Deos vos destinou, e deixeis livre a este lugar do thesouro para o uso dos fieis de Deos Trino e Omnipotente, e de Nosso Senhor Jesus Christo para as distribuiçoens dos pobres, e das pessoas miseraveis, não valendo contra o meu preceito quais quer ligamentos, pactos, concordias, juramentos magicos, e outras couzas semelhantes. Sahî em nome de Jesus, que mandou aos ventos que lhe obedecessem; sahi em nome de Maria, á qual obedeceo tanto o vosso poder; sahi em nome de Jesus, que mandou ao demonio dezendolhe: retrocede Sathanás: e logo fugio; sahi em nome de Jesus, a quem nunca pudestes vencer; sahi em nome de Jesus, que mandou a Lazaro que resuscitasse, e logo resuscitou; sahi em nome de Maria que triunfou vencedora de todo o inferno, e assim como sempre fugistes de Maria, assim agora pella invocação de seu nome, e forças da sua virtude não espereis, nem vos demoreis, nem atureis. Assim como Jesus Christo penetrou subtilmente a tentação de Sathanás, assim agora pella invocação do seu nome sejamos livres do vosso atrevimento. Assim como Maria pizou a cabeça do Dragam, assim agora pela invocação do seu nome, toda a vossa soberba humildemente seja abatida. Assim como Jesus Christo fez o mar quieto e sossegado afugentando os ventos, assim agora pela invocação do seu nome fujaes deste lugar, e se faça o apparecimento sossegado deste thesouro. Portanto sahî e apartaivos. Dai lugar á bandeira da cruz, e odediencia. Ó rebeldes dragoens, convido e conjuro contra vos, a todos os Anjos de Deos, Santos, e Santas dos ceos, principalmente aquelles em medida dos quais sois mais contrarios, e os que sam mais vossos contrarios. Da mesma sorte conjuro contra vos Lucifer e outros demonios vossos inimigos, que vos aflijam, atormentem, e multipliquem os tormentos athe inteiro apartamento vosso deste lugar, e entregado thesouro, sem algum dolo de encanto, e sem lesão de feitiço, ou veneno; e sempre se vos acrescentem os tormentos para sempre; e por fim sempre contra vos vou em nome de Jesus que nasceo da Virgem Maria e se fez homem.

Eis aqui o signal da Cruz. ✠

E logo hão de ser proferidos os nomes de Deos, de Jesus, e de Maria. Assim as armas da Justiça Divina com as quais eu indigno Ministro de Deos entro a degollar vossas cabeças.

Eis aqui o signal da Cruz. ✠

Vá prosseguindo no l.af2 como fica dito, e acabada a exclamação dos nomes de Jesus, e Maria dirá de joelhos diante da Cruz.

℣ Senhor Deos, em vosso nome nos salvai.
℟ E com vosso esforço nos livrai.
℣ Dainos auxilio e socorro do vosso Santo nome.
℟ E do monte Siam nos defendei.
℣ Sede Senhor para nos torre de fortaleza.
℟ Da face do inimigo nos defendei.
℣ Nada aproveite o inimigo nesta cova, e neste thesouro.
℟ E o filho da maldade se não opponha a fazernos mal.
℣ Attendei Senhor, ao arco da vossa virtude.
℟ Sede solicito para que se lancem fora os inimigos

pelo vosso poder.
℣ Ausentem se longe daqui, Senhor, os vosso inimigos.
℟ E só com a vossa protecção sejamos defendidos.
℣ Attendei Senhor, e ponde os olhos na nossa ajuda.
℟ Apressaivos Senhor para nos ajudar.
℣ Ouvi Senhor a nossa oração.
℟ E o nosso clamor chegue a vós.
℣ O Senhor seja com vosco.
℟ E com o vosso espirito.

Oremos

Senhor Deos Redemptor, e favorecedor do genero humano, pedimos, e rogamos á vossa clemencia, não consintaes que estes dons, que só criastes para os homens sejam possuidos pelo demonio, e mandai que todos os encantos sejam desfeitos, dando-nos este tesouro que pedimos; e em virtude do vosso Santo Nome, mandai que estas fantasmas sejam derribadas, e desfeitas, como tambem as fabricas de todos os maleficios, com os mesmos maleficios, por amor de Christo Nosso Senhor. Amen.

Diga o Psalmo <u>Miserere mei Deus</u>, e logo depois o seguinte.

Senhor Deos, e creador imenso de todas as couzas celestes, terrestres, e dos mesmos infernos, á vos que sois misericordioso, e abraçaes aos que exercitam misericordia, agora supplicamos e implorando a vossa misericordia, vos pedimos, que estas bestas feras que lançastes do ceo condenadas pela sua soberba, tambem as obrigueis a que saiam desta cova para que estas vossas creaturas se utilizem deste thesouro; e para que contra os soberbos que fogem da vossa misericordia, e a não querem, useis da vossa Justiça, lançando-os, e despedindo-os para os seos lugares, que vos lhes deputastes, excomungando-os de baixo das penas da vossa indignação, e dos castigos, que nelles hão de ser multiplicados, para que apartandose logo deste lugar, deixem este thesouro sem ser offendido, sem lesão, sem engano, e sem couza de veneno, e fantasmas, e despovoem e deixem este lugar, por amor do Senhor.

Sendo necessario se usara de varas, açoutando a terra, como possuida de algum espirito, que nela anda, e se darão as fumaças aos vultos á porta inferior da cova, dizendo.

Vede miserrimos demonios que cauzas e afrontas se vos fazem: se pela vossa soberba fostes açoutados pelos Anjos obedientes, e cahistes do ceo, agora sereis açoutados por hum homem mortal; como soldado de Deos vos açouto em virtude da obediência, pelo Poder de Deos Padre, pela sciencia de Deos Filho, e pelo amor de Deos Espirito Santo. Pelo Nascimento, Paixão, morte, e ressurreição de Nosso Senhor Jesus Christo; por Maria sempre Virgem; por todos os Anjos, principalmente São Miguel; por São Pedro, e São Paulo e todos os mais Apostolos; por todos os Martyres, principalmente Santo Estevão; por todos os Doutores, principalmente São Gregorio; por todos os Ermitas, principalmente Santo Antam; por todos os Confessores, principalmente São Francisco; por todos os Virgens especialmente São João Baptista,

Ms. 2559

São João Evangelista, Santa Catherina de Senna, Santa Thereza, Santa Potencia; por todas as Virgens Martyres, principalmente Santa Barbara, Santa Quiteria, e Santa Eulalia; por todas as Santas do ceo, principalmente Santa Maria Magdalena, Santa Monica, e Santa Isabel Rainha de Ungria.

> (Sendo irmão ou confrade de qualquer confraria pode aqui acrescentar)

Por tal Santo, ou Santa, de quem sou indigno filho. Açoutovos não com cordas pequenas das veas; açoutovos não como ministro; açoutovos como sacerdote com humildade, dizendo: Deos e Senhor Nosso, tende misericordia de nos conforme vossa immensa piedade.

Aos perfumos diga.

Fugî, fugi pessimos. Deos Padre vos manda, Deos Filho vos consuma, Deos Espirito Santo vos abraze, Jesus e Maria com a união de todos os Santos vos mandem, consumem, e abrazem, e eu vos abrazo, consumo, e mando por São F. São F. e pelo poder e amor de Deos, que vos mergulhou no fogo eterno.

> Depois continuará com os exorcismo que lhe parecer, mudando o nome da creatura em espeluca que quer dizer cova, latibulum, que significa escondrigio, ou locus que significa lugar.

Various Prayers to Drive Away the Devil

Conjuro-vos, ó espíritos malvados e amaldicçoados de Deos, aquelle ou aquelles a quem foi dado ou entregue a guarda deste thesouro, que te nomeis como Deos, e te achas florecendo entregue delle; tu que tens, ou tivestes em tua mão o poder de o esconder saõ, ou se o guardastes por encanto do que florece em sepultura, imagem, ou semelhança, onde quer que elle esteja encerrado, ou seja no monte, ou no rio, ou na caza de algum Senhor particular de qualquer reino, ou provincia e por todas as cazas, vós que em nome de Jesus podeis ser forçados, e constrangidos, com qualquer nome por que fordes chamados, e exclamando por Deos Padre, Deos Filho, e Deos Espirito Santo hum Deos que está no throno sublime, que governa todas as couzas: conjurovos pela morte e sabedoria de Nosso Senhor Jesus Christo, pelo poderosissimo nome de Deos, e por esse Deos que está assentado no alto throno, Uno em essencia, e Trino em Pessoas, do qual todas as couzas dependem, assim em ser, como sem serem conservadas, como de hũ verdadeiro creador, e conservador. Outra vez vos conjuro ✠ por toda a gloria e poder do Senhor, e de toda a Divina Magestade; pelos sete candieiros ✠ de Ouro, que estão diante do throno de Deos; pelos vinte e quatro anciaõs, que estão assentados à vista de Deos, que clamando todos os dias, não cessaõ de dizer, Santo, Santo, Santo, Senhor Deos dos exercitos; para que logo tirado, e desfeito todo o mero encanto, e resolvido todo o pacto, me entregueis todo este thesouro, com esse idolo denominado Deos, com esse florescente retrato, assim e do modo que athe aqui esta guardado, inviolavel, sem macula de veneno, peçonha, ou feitiçaria, nem transformação, ou transfiguração de especie, que foi posta em outra parte, e do lugar, ou parte em que o tendes, gozais, possuîs, e conservais, o leveis logo para minha caza, e o ponhais na minha presença, sem estrondo nem rumor, e sem signal algum de visão, não molesteis as pessoas que o levarem para minha caza, nem por sombra façaes mal a mim, nem a outra pessoa alguma em virtude das Santas obediencias, e do poder de Deos Omnipotente, e dos seos bem aventurados Apostolos, e mo entregueis, e nada deste thesouro deixeis por entregar que para mim he total e absolutamente melhor agora, logo, e sem dilação, neste lugar para louvor de Deos todo poderoso e de todos os Santos, para beneficio das almas que estão no purgatorîo, e para a caridade que hade ser exercitada com os proximos que tem necessidade. De outra sorte em virtude de Deos Padre, Deos Filho, Deos Espirito Santo, por autoridade de Deos Nosso Senhor Jesus Christo Nazareno crucificado, por tudo o mais acima dito, fique aquelle malvidissimo Lucifer, espirito infernal, perturbado, e indignado, com todos os seus subditos, e com todas as suas forças, e pregoeiros infernaes, indignados e contra todos, com a sua indignação e furia; e vos lanço lanço logo logo fora por todas as cauzas que acima dissemos em hum tanque de fogo, e enxofre; e vos lanço tambem fora ao mais fundo do inferno, [a]the o dia do Juizo, como desobedientes, para que com todas as penas infernais vos atormentem, por todos os seculos dos seculos.

Outra vez vos esconjuro espiritos malditos por estes Santissimos Nomes de Deos ✠: <u>Eli</u>: que quer dizer Deos forte: <u>Elion</u>: que quer dizer Deos: <u>Adonay</u>: que quer dizer Senhor: <u>Soday</u>: que quer dizer Deos dos ceos todo poderoso ✠ <u>Tethagramaton</u>: que quer dizer Deos: <u>Alpha e Omega</u>: que quer dizer principio

Various Prayers to Drive Away the Devil

e fim ✠: <u>Messias</u>: que quer dizer Christo, ou Ungido: <u>Sother</u>: que quer dizer Salvador: <u>Emanuel</u>: que quer dizer Deos com nosco: <u>Sabaoth</u> ✠ que quer dizer Deos dos exercitos, e das virtudes ✠ <u>Sapientia</u>: que quer dizer a Sabedoria: <u>Virtus</u>: ✠ que quer dizer a virtude ✠ <u>Via veritatis</u>: que quer dizer o caminho da verdade ✠ <u>Agios</u> ✠ <u>Otheos</u> ✠ <u>Athanatos</u> ✠ que todos significão Deos immortal, Deos Senhor a quem hede reverenciar todo o inferno ✠, principio e fim ✠ e por outros nomes de Deos assim conhecidos como desconhecidos tanto pelas creaturas mortaes, como immortaes, vos aperto para que de nenhum modo possaes conservar o pacto, nem guardar este thesouro, mas logo obedecendome, mo entregueis e ponhaes em meu poder com esse simulacro desse fingido Deos, e com todas as couzas que se contem nesse thesouro, ou em arcas, ou em outros vasos, ou seja ouro, ou prata, diamantes, pedras preciosas, perolas, ou margaritas, ou outras couzas semelhantes; e tambem não possas apartar, nem tenhaes poder; mas assim como São Francisco transformou o demonio em hum jumento, São Thiago pelos demonios trouxe a Hermogenes, São Gonçalo constrangeo aos demonios para a faetura da ponte; assim eu tambem vos mando em virtude da Santa obediencia, e de tudo o que acima fica dito, nos entregueis, e ponhaes na nossa mão o thesouro que aqui guardaes sem a minima demora desfeito, todo o pacto, encanto, feitiço, bruxaria, illusão, ou fantasma, por aquelle que hade vir a julgar os vivos e os mortos e acabar o mundo com fogo.

Ms. 2559

Principio da oração de São Cypriano para desligar feitiços encantos &cetera

Em nome do Padre, do Filho, e do Espirito Santo, que vivem e reinão por todos os seculos dos seculos. Amen. Nos Cypriano servo de Deos Nosso Senhor, provido de meu intendimento a Deos rogarei dizendo: Vós Senhor Deos forte e poderoso, que moraes nos altos ceos, sejaes para sempre louvado: No tempo antigo vistes a malicia deste vosso servo Cypriano, e todas as mais maldades, e malefeitorias, pelas quaes fui mettido de baixo do poder do demonio, não conhecia vosso Santo Nome; Ligava as mulheres, e as nuvens do ceo, para que não chovesse sobre a face da terra, e esta não dava fruto; ligava os peixes do mar, para que não andassem pelos caminhos das agoas; pela malicia e gravidade de minhas grandes e enormes maldades, as mulheres que estavaõ prenhes não podião parir; Todas estas couzas fazia eu em nome do demonio. Agora conheçovos, e reconheçovos, meu Senhor Jesus Christo, e a vossa Santissima Mãe a sempre Virgem Maria, invoco vosso Santo nome, e sou todo vosso apartado da maquina de minhas culpas e maldades, e todo o meu puro coração, e toda a minha vontade, ponho em vosso Santo Nome: A vos meu doce Jesus me recommendo, por que quereis a palavra do Omnipotente Deos Padre, para que rompaes todos os ligamentos de homens, e mulheres, e caia chuva sobre a face da terra, e dem as arvores seos fructos, as mulheres pairão sem alguma lesão, os meninos mamem o leite de suas mãis; a seu tempo se desatem os peixes do mar, e todas as aves maritimas que andam sobre a face da terra, desatem se as nuvens

Various Prayers to Drive Away the Devil

do ceo, e todas as outras couzas; todos os homens, e mulheres, <u>thesouros, ou haveres de ouro prata cobre, ou outro qualquer metal, em moeda barra, ou em pó, diamantes ou outras quaes quer pedras preciosas</u>, a que se fizerem feitiços, bruxarias, ou encantamentos de dia ou de noute, sejam desatados e desligados por vosso Santo Nome, e Omnipotente braço, e livres de qualquer infestação do inimigo. Quem trouxer comsigo esta oração, e lhe for lida, por virtude della seja livre de todo o mal, e de todos os maos sucessos feitiços, bruxarias, encantamentos, e levando-a consigo, seja livre de dia e de noute do diabo, de todo o seu poder, e de suas obras por Nosso Deos e Salvador: e assim como a pedra seca foi aberta, assim seja aberto e patente este thesouro, e nos seja entregue com tudo o quanto nelle se acha, sem rumor, estrondo, visão, encantamento, ou fantasma para gloria e exaltação do mesmo Deos e de seu Santissimo Nome de Manoel que quer dizer Deos Padre, em virtude do qual nome a pedra seca se abrio, e lançou agoa da qual beberão os Israelitas; assim vos meu Senhor todo poderoso livrai este lugar, e thesouro de todo o feitiço, ligamento, ou encanto; e tanto que esta oração estiver, ou for lida sobre o ditto thesouro, logo este nos seja patente, e se nos entregue para que delle possamos gozar, assim como Elias goza do Paraiso terreal, do qual nasce huma fonte, e della sahem 4 rios, a saber, Sizon, Atazon, Tigres, e Eufrates, pelos quaes mandastes deitar agoa a todo o mundo: Por cujas couzas vos supplico, meu Senhor Jesus Christo Filho da sempre Virgem Maria, Senhora Nossa, queiraes maltratar e entristecer ao diabo maldito, e maligno espirito, para que nenhum feitiço, encantamento ou

Ms. 2559

malignidade obre por si ou seos sequazes neste lugar, ou contra este thesouro que buscamos; mas tudo o que aqui se nomêa seja abatido, e annulado, para que não impeça as settenta e duas lingoas, que estão repartidas por todo o mundo; e qualquer dos seos contrarios seja maldito e excommungado; e pelos Anjos seja absolvido este lugar, com todo o thesouro nelle enserrado, e seja livre de todos os maleficios, feitiços, encantos, que fazem maos homens, e más mulheres; e da mesma forma seja livre pelo Nome de Deos, que desceo sobre Jerusalem, por todos os Anjos, e Santos, por todos aquelles que servem diante da presença de Jesus, verdadeiramente Deos, e verdadeiramente homem, para que o maldito demonio não tenha poder em algum dos circunstantes nem neste lugar e thesouro, trazendo se esta oração, e lendose sobre elles, ou donde quer que estiver algum signal, de dia, ou de noute, por Deos de Abraham, Deos de Izaac, Deos de Jacob. O inimigo maldito seja excomungado pelos Santos Apostolos São Pedro, e São Paulo, pelas oraçoens dos Profetas, pela humildade dos Religiozos, pela limpeza e formozura da lua, pelo sacrificio de Abel, por Deos unido aos Juizes, pela castidade de Thus, pela bondade delles, pela fé de Abraham, pela obediencia de Nossa Senhora, que ella aliviou a Deos, pela paciencia de Moises, pela eterna oração de São Jose, pelos Santos Anjos, pelo sacrificio de Oxenes, pelas lagrimas de Jeremias, pela oração de Zacharias, pelas profecias, por aquelles que dormem louvando a Deos Nosso Senhor, pelo Profeta Daniel, pelas palavras dos Evangelistas, pela coroa de Moises em lingoa de fogo, pelo resplendor dos Santos Bemaventurados, pelos sermoens que fizeram os

Apostolos, pelo Nascimento de Nosso Senhor Jesus Christo, pelo seu Santo Baptismo, pela vos que foi ouvida do Padre Eterno, dizendo, este he o meu Filho escolhido e muito amado, delle me prezo muito, que todas as gentes o temem, por que fez abrandar o mar, e dar os fructos a terra, pelos milagres dos Anjos, que junto a elle estão, pelas virtude dos Apostolos, pela vinda do Espirito Santo, que baixou sobre elles, pelas virtudes, e nomes que estão nesta oração, pelo louvor de Deos que fez todas as couzas, pelo Padre, pelo Filho, e pelo Espirito Santo. E se esta feito em algodão, seda, linho, laã, ou nos cabellos de Christão, Mouro, ou Herege, ou em ossos de aves, peixes, ou madeiro, ou em livro, sera, pedra, ou sepultura de Christão, Mouro, ou Herege, em fonte, ponte, mar, ou rio, em caza, parede, cal, campo, hervas, e arvores, ou em sepultura subterranea, em repartimentos de rios, ou encruzilhadas, em caza feita de sera, ferro, chumbo, ou em bebidas: Todas estas couzas sejam desfeitas por este vosso servo F— em virtude de vosso Santissimo Nome todo poderozo, e mui alto, para sempre. Amen.

2ª Oração de São Cypriano

Eu F— da parte de Deos Nosso Senhor Jesus Christo absolvo dos maos feitiços, e encantamentos, que fazem maos homens, e más mulheres: em nome de Deos Nosso Senhor, e de Abraham; Deos muito grande, poderozo e gloriozo, sejam destruidos, desfeitos e desligados deste lugar e thesouro, onde estiver, ou for lida esta oração, virá Deos com seu auxilio, amor, e misericordia, para destruir tais homens, e tais mulheres, e seram em nossa ajuda e socorro São

Miguel, São Gabriel, São Rafael, e todos os Santos
Archanjos, Anjos, Thronos, Potestades, Dominaçoens,
Querubins, Serafins e Vir[tudes, e] das ordens, dos
Bem aventurados São João Baptista, Patriarcas, e
Profetas, e as ordens dos Santos Apostolos São Pedro,
São Paulo, Santo Andre, São Tiago Maior, São Tiago
Menor, São Mathias, ~~São Lucas~~, São Felippe, ~~São
Marcos~~, São Matheus, São Simão, São Bartholomeu,
São Thomé, São João, e São Judas Thadeo, e por
todas as ordens dos Evangelistas São João, São Lucas,
São Matheus, e São Marcos, quatro columnas do
mundo, que lhe não impeção, nem damnem nenhuma
das setenta e duas linguas que estão repartidas por
todo o mundo, por esta absolvição, e pela voz que
Christo deo, quando chamou a Lazaro da sepultura,
livrenos Deos pela voz com que chamou a Adam,
dizendo: Adam: Adam: onde estás; Livre nos Deos
pela virtude com que levantou o enfermo quando
lhe disse: Levantate dessa cama, vai para tua caza, e
não queiras mais peccar, de cuja enfermidade havia
de estar doente trinta e tres annos; Livrenos Deos
que criou os ceos, fez chover sobre a terra, e esta
de o seu fructo pela Religião de Elias Profeta, pela
Santidade de Israel, por todos os seos Santos e Santas.
Livrainos Senhor, e este lugar com o thesouro nelle
escondido do poder do demonio e seos sequazes de
seos encantamentos, feitiços, e bruxarias, para que
nos seja entregue, e delle possamos gozar, por virtude
do vosso Santo Nome de Manoel, que significa Deos
seja comnosco. Amen.

Conjuro do mesmo

Various Prayers to Drive Away the Devil

Se com maos feitiços, e encantamentos do diabo, e da inveja, ou sejam feitos em ouro, prata, chumbo, e noutra qualquer maneira de metal, ou em arvore ou de qualquer sorte, nos intentaes impecer, ó espiritos malignos, para que não possamos tirar e levar com nosco este thesouro, todos esses feitiços, encantamentos, e bruxarias sejam destruidas, e desapegados, e nenhuma couza nos impeça daqui em diante, ainda que os mesmos feitiços e encantamentos estejam em algum idolo, por que só vive Deos a quem obedecem os ceos ✠ a Terra ✠ e o Inferno e a quem confessa toda a lingoa por Senhor Omnipotente: assim o confiamos em Jesus ✠ Christo, cujo nome he doce ✠ em Jesus Christo deleitavel; e assim como o seu Santissimo Nome aparta, e poem medo e terror aos demonios, assim por este dulcissimo, e deleitabilissimo Nome de Nosso Senhor Jesus Christo fuja todo o demonio, fantasma, ou espirito maligno em companhia de Sathanás, e de todos os seos companheiros para as suas moradas infernais, onde estarão perpetuamente.

Incensarão o lugar com incenso bento, dizendo.

Por este incenso, que está fumegando no sacrificio que se offerece a Deos omnipotente, e por estas fortes palavras vos mando, que logo de repente saiaes destas partes, ou lugar, e o deixeis livre de todo o feitiço, enlançamento, e encantamento, ou outra couza má como veneno, para que não damne, nem offenda a nenhuma creatura, e deixeis todo o haver que nelle está em ouro, prata, moeda, bolas, barras, margaritas, ou pedras preciosas, sem que o transmuteis daquela mesma especie em que foi depositado, ou posto em outra ~~especie~~, ou o ponhaes e outro algum lado, nem o fundeis abaixo a grossura de hum pelo, antes em força das mesmas palavras, mando que os subaes, e o ponhaes na superficie da terra, com mais augmento de qualidade, e quantidade que tinha quando se poz todo o que tendes usurpado como ladroens infernaes que sois, e deixaio para quem Deos o criou, que foi para os homens.

Absolvo este lugar, com tudo o que nelle está de todos os maos feitiços, feitos, encantamentos e enlaçamentos que fazem máos homens, e más mulheres por sua malicia, ou inveja, pelo nome de Deos de Abraham, Deos de Izaac, Deos de Jacob, Rei grande poderozo e gloriosissimo, para desligar todas as couzas más deste lugar, e seu thesouro, que nos buscamos, e a quem esta oração ouvir e ler sobre algum lugar, appareçalhe Deos por partes, e o favoreça com todo amor, e Nosso Senhor seja com elles e comigo São Miguel, São Gabriel, São Rafael, e todos os Anjos, Archanjos Querubins, Serafins, Thronos, Potestades, Principados, Virtudes, e Dominaçoens vos louvem; os louvores dos Bem aventurados, São João Baptista, todos os Patriarcas, e Profetas, com as oraçoens dos Apostolos São Pedro, e São Paulo, e de todos os mais Apostolos, e Evangelistas, todas as oraçoens dos Martires, que tem padecido por Jesus Christo Nosso Senhor, todos os mais Santos e Santas da Igreja de Deos com os seos louvores, e pela coroação de Santo Profeta e Rei David, que lhe não impeção nenhuma das setenta e duas linguas repartidas pelo mundo, pela voz de Deos, quando disse a Adam: Adam, Adam ubi es? Adam onde estás, pela virtude com a qual se levantou o enfermo, quando Deos lhe disse: Levantate, toma a tua cama, vai para tua caza, e daqui por diante não queiras mais peccar: da qual daquela enfermidade havia de estar doente trinta e tres annos; absolvanos Deos, que abrio o ceo, e fez que chovesse sobre a terra, e esta deo seos fructos; pelo que mandou o mesmo Senhor a Jeremias o signal; pela humildade de Jose, pela paciencia de Job, pela santidade de Moises, e por todos os Santos e Santas de Deos; Livrai Senhor de todas as couzas más a este lugar e thesouro, e tambem aos que estamos aqui presentes por todos os vossos Santissimos Nomes que sam: Adonai : Hosana : Messias : Radix David : Emmanuel: e os mais Nomes assim sabidos e escriptos nas escripturas sagradas, como os de que não temos noticias; desfazei todas couzas que nos impedem o tirarmos este thesouro; apartai delle todos os maos feitiços, encantamentos enlaçamentos, ligamentos, e toda a má ventura, ainda que estejaõ feitos em idolo de prata, ouro, arame, algodam, linho, laã, canhamo, ou em cabello de Mouro, osso de peixes, madeiro, livro, em alguma figura, pedra, sepultura, defunto, monte, apartamento de rios, encruzilhadas, caza feita de sera, Mouro, Judeo, parede, rio, mar, fonte, ponte, caza, sotam, penhasco, campo, vinha, arvore, ou outra qualquer couza, tudo seja desfeito, desatado e desligado; e se o thesouro estiver em ouro, prata, ou em outro metal de Supremo valor, e estiver transmutado em outra especie, seja logo reduzido ao seu proprio estado e qualidade em que Deos o criou, ou estava quando ahi se poz. Anathematizo-te, maligno espirito, hum ou muitos de qualquer maneira que sejaes, que fazeis escarneo, e possuis

este lugar e thesouro por encantamentos, ligamentos,
superstiçoens, feitiços, ou por qualquer arte diabolica,
anathematizovos pelo poder, e virtude do universal
Rei dos Reis, Senhor dos Senhores Jesus Christo,
que appareceo no mundo para desatar, e desfazer
todas as obras de Sathanas, e peço ao mesmo Senhor
as desate, e haja por desatadas e desligadas, assim
como os Bem aventurados Apostolos São Pedro e São
Paulo desatarão maleficios, obras, encantamentos e
superstiçoens feitas por Simão Nembron: assim como
o Bem aventurado Apostolo São Bartholomeu sarava
todas as feridas e chagas que estavão motivadas pelo
idolo Asthorod; assim com o Profeta Jose descubrio os
segredos, e adivinhaçoens dos sabios do Egipto; assim
como como El Rei Amplora atou o dedo a El Rei Goa,
assim sejam desatadas e desligadas as artes antigas,
encantamentos, e adivinhaçoens feitas sobre este
lugar e thesouro: para o que entreponho, e imploro
a preciosissima Redempção de Nosso Senhor Jesus
Christo para que seos Santissimos Nomes destação as
ligas e artes dos feiticeiros e feiticeiras, e todas as suas
ligaduras, encantamentos, e superstiçoens diabolicas
sejam desatadas, e apartadas deste lugar e thesouro
por aquelle que hade vir no fim do mundo a julgar os
vivos, e os mortos. Amen.

Exorcismo de São Cypriano

℣ Nossa ajuda he em Nome do Senhor.
℟ Que fez o ceo, e a terra.
℣ Seja o Nome do Senhor louvado.
℟ Agora, sempre, e sem fim, Senhor tende misericordia de Nos.

Various Prayers to Drive Away the Devil

Dira tres vezes o Padre Nosso: e para que nos não deixeis cahir em tentação, mas livrainos de todo o mal.

℣ Nada aproveite o inimigo em nos.
℟ E o filho da maldade não se oponha a fazer-nos mal.
℣ Senhor mandainos o socorro do Santo.
℟ E defendeinos do Siam.
℣ Senhor sede para nos torre de fortaleza.
℟ Da face do inimigo.
℣ Senhor ouvi a minha oração.
℟ E o meu clamor chegue a vós.
℣ O Senhor seja com vosco.
℟ E com o vosso espirito.

Oremos

Deos, que concedestes ao bem aventurado Cypriano, confessor vosso a virtude de lançar fora os demonios de qualquer lugar, pedimos vos que pelas orações e merecimentos de suas virtudes nos concedas que possa lançar fora estes demonios que guardam e defendem este lugar e thesouro, por Jesus Christo Nosso Senhor &cetera.

Oremos

Todos os Santos Anjos, Archanjos, Thronos, Potestades, Dominaçoens, Principados, Virtudes, Querubins, e Serafins, não cesseis de clamar diante de Deos, dizendo Santo, Santo, Santo, Deos, e Senhor dos exercitos e virtudes, derramai, e espalhai as piedosas deprecaçoens, e rogos por mim fragil peccador diante do Altissimo Deos Senhor nosso, para que tenha compaixaõ, e misericordiozamente me perdoe os meos peccados, me cubra, ampare, defenda, e me tire de todas as tentaçoens, e assim me faça passar pelos bens temporais, para que não deixe os gozos celestiaes da vida eterna, por amor de Jesus Christo. Amen.

Oremos

Ó supremo São Miguel Archanjo, Principe da celestial milicia, Prelado Summo, e Ministro Rectissimo, que na presença de Deos assistî vigilantemente peçovos que com vossos rogos favoreçaes a mim miseravel pecador para que tendo compaixão e intercedendo vós, mereça ser tirado da diabolica contenda, e por vossa intercessão ser aprezentado diante da Magestade de Deos.

Oremos

Deos dos Anjos, dos Archanjos, dos Profetas, dos Apostolos, dos Martires, dos Confessores, e das Virgens, Deus Pai de Nosso Senhor Jesus Christo. Invoco o vosso Nome e clemencia de vossa Divina Magestade, e humilde peço que vos digneis dar me auxilio contra estes malvadissimos espiritos, por amor daquelle que hade vir a julgar os vivos e mortos, e o mundo com fogo.

Levantese o exorcista e diga a oração seguinte

Eterno Pai de Jesus Christo Santissimo ✠ Creador omnipotente ✠ O corpo Gloriosissimo de Christo nos santifique ✠ O sangue Santissimo de Christo nos

salve ✠ O suor virtusissimo de Christo nos enobreça
✠ A paixão muito amargoroza de Christo nos sare
✠ Jesus Christo Bom nos conforte e nos guarde ✠
e a este lugar e thesouro ✠ e nos esconda nas suas
chagas e não permitta que este thesouro seja apartado
deste lugar, antes nos seja logo entregue da mesma
forma em que se acha, e defendido dos guardas que
o escondem ✠ e nos livre destes espiritos infernaes, e
de tudo quanto nos pode impedir o gozarmos deste
thesouro, para que o louvemos com todos os Anjos e
bem aventurados. Amen.

Eis aqui a cruz de Nosso Senhor Jesus Christo ✠ Fugi
inimigos adversos ✠ Por que da Tribo de Juda ✠ O Leão
he vecedor ✠ Da geração de David ✠ O Pai increado vos
quer perseguir ✠ O Filho increado vos quer perseguir ✠
O Espirito Santo increado vos quer perseguir.

Meu Senhor Jesus Christo que fizestes o ceo, e a
terra, e louvastes o Rio Jordam, no qual quisestes ser
baptizado, dignaivos santificar este lugar, e thesouro,
vos que viveis e reinais com o Padre e Espirito Santo
por todos os seculos dos seculos. Amen.

Lea o Psalmo que se segue
Exurgat Deus &cetera

Conjuro São Cypriano

Em nome da Santissima Trindade, Padre, Filho,
e Espirito Santo Amen. Eu Ministro Exorcista da
Santa Igreja Catholica, e Apostolica Romana, por
autoridade fundada na Paixão e Cruz de Nosso
Senhor Jesus Christo, a mim concedida sobre as
serpentes, e escorpioens, aspides, e basiliscos, sobre o

Ms. 2559

Leão, e dragão, termîno todos os malefícios, encantos, ligamentos, signaturas, factos, obras, perturbaçoens, e quais quer tormentos de qualquer qualidade, ou modo que fossem feitos a este thesouro, ou por arte diabolica, assim como o Eterno Deos constituîo o 7º dos dias, que não poderião ser passados; e assim como por 7º e fim a todas as obras de Sathanas, daqui por diante não possa este perturbar, nem impedir este thesouro, por virtude daquelle que rodeou com as agoas o 7º, o qual não se poderá passar, por aquelle que estabeleceo todos os tronos da terra, e do mar athe o mesmo mar, e do povoado athé o despovoado; por aquelle que fixou a terra de Canaã; por aquelle que terminou todo o lugar do Deserto, e do monte Sivabo, athe o grande rio Eufrates, e dahi athe o mar occidental; e terminou toda a terra alem do rio Jordaõ; assim como Deos omnipotente com a creação do mundo terminou a luz do dia das trevas, e as agoas que estavam de baixo do firmamento de tudo aquillo que estava sobre o fimamento; e apartou as agoas que estavão debaixo do ceo para hum lugar, e mandou as hervas, madeiros, e arvores que dessem fructo, e semente para sua propagação; assim como deixou que a Lua alumiasse menos, para presidir á noute, estrellas, e firmamento do ceo, e o Sol para que presidisse ao dia; assim como creou todo o animado que vive nas agoas do mar na sua especie, e tudo aquillo que voa conforme a sua geração; e criou os jumentos e mais bestas feras da terra, a quem ordenou andassem de rasto pelo chão conforme suas especies; e terminou o Omnipotente Deos estas couzas creadas de baixo do poder do homem, ao qual tinha criado á sua imagem e semelhança, e por virtude do mesmo Deos que apartou

Various Prayers to Drive Away the Devil

todos os maleficios, encantos, ligamentos, sinaes, feitiços, inquietaçoens, perturbaçoens, tormentas, e todas as mais artes diabolicas, seja livre este lugar, e thesouro das tormentas dos demonios: lancenos Deos a sua bênção ✠. E eu com o seu santo nome aparto todos os maleficios, e lhe lanço a benção, para que seja louvado Deos para sempre. Assim como o mesmo Deos louvou o dia setimo, e o santificou, assim como lançou a benção a Nöe e seos filhos, e lançou a benção a Abraham; engrandeceo o seu nome entre os Santos, abençoou a Melchisedec, que lhe offereceo pam e vinho, assim nos abençôe a nos, e a este lugar e thesouro que aqui buscamos, e o livre das infestaçoens do diabo. Sejaes louvado, meu Deos excelso, que nos defendeis dos inimigos que nos querem perturbar.

Lancenos Deos a sua bençaõ, para que possamos gozar destes bens que buscamos, e tambem dos bens da celestial Jerusalem, assim como abençou a Jacob; para que sejam exterminados, destruidos, e aniquilados todos os feitiços, ligamentos, encantamentos, bruxarias, e todas as mais fantasmas, deste lugar e thesouro, afim de que o gozemos, quieta e pacificamente, e pelo poder a mim concedido, desato, aniquilo, e destruo todo e qualquer impedimento feito por Sathanás, ou seos sequazes; para que assim mereçamos alcançar a benção de Deos, a sua misericordia, e o fructo do que neste lugar procuramos, para que usando destes bens como devemos, possamos ver a sua Divina face, e gozar da sua Santissima gloria eternamente. Deos Nosso Senhor esteja comnosco, o estrondo da victoria esteja em nos, para que sejamos como a lua que se levanta, e como o Leão para affugentar a antiga serpente, e destruir todos os maleficios; e Deos seja nosso ajudador omnipotente. Deos Nosso Senhor estende seu poderozo braço sobre nos, e nos livre destes malditos demonios que nos vexão, e pertendem impedir; assim como abençoou o Monte Garezim, Obededon, e toda a sua caza, assim seja esta benção termo contra o vento norte, para que nada nos atemorize, más o Omnipotente Deos, e Senhor Nosso tire todas estas bestas feras, e seos sequazes de nos, deste lugar, e deste thesouro, postre e aniquile seos embustes, e por estas bençoens celestiais os faça cahir a nosso pés, e a nossa vista, frustrando lhes todos os seos maleficios, encantos, ligamentos, bruxarias, e tudo o mais com que nos pertendem embaraçar e atemorizar: O mesmo Senhor se digne a ouvir-nos, e guardar o lugar deste thesouro, pelo sangue de seu Unigenito Filho derramado para a nossa redempção, de todas as infestaçoens dos demonios, e pelo seu Santissimo Nome, louvado, bemdito e glorificado no ceo, e na terra. Deos seja comnosco, e pela virtude que mostrou na pedra que derramou agoa para beberem os Israelitas, e os livrou da terra do Egipto, e do poder de Faraó; e por amor de Moises, e Aarão, seos servos, ponha a sua omnipotente mão direita cheia de larga benção sobre este thesouro, e o encha de eternas bençoens assim como no principio do mundo poz a Adam no Paraiso, do qual fez manar e correr hum grande rio, e deste dividio quatro rios, a saber Bizon, Gion, Tigre, e Eufrates, aos quaes mandou regar todo o mundo; assim como ninguem pode contradizer a sua Divina vontade, assim não permitta que algum perturbe este thesouro procurado neste lugar, o qual hoje pela omnipotencia, e virtude do mesmo Deos nos hade ser entregue; e nos livre de to[do] o mal e perigo, traiçoens, fraudes, e artes diabolicas, para que nada disto nos possa perturbar; mas esse mesmo espirito maligno seja por Deos repellido, e seos maleficio, e seja maldito com maldição pessima, excommungado, e amaldiçoado irreparavelmente pelos merecimentos e perfeiçoens de todos os Anjos, e Santos de Deos. E eu pelo poder que tenho absolvo, desembaraço e livro este thesouro do poder da antiga serpente, por Jesus Christo Nosso Senhor, Filho de Deos vivo.

Lançe agoa benta e depois diga

Eu, como Ministro de Christo destrûo, aniquilo, e lanço fora deste thesouro todos os maleficîos, encantamentos, ligamentos, signaes, e todas as obras feitas por arte diabolica de feiticeiros, todas as infestaçoens, perturbaçoens, e vexaçoens de qualquer sorte feitos nelle para que Sathanás, seos Ministros, e sequazes delle se apartem, deixando-o livre para nos pelo sacrificio de Abel; pela guarda dos Anjos; pela fortaleza de São Miguel Archanjo; pela Annunciação do Anjo São Gabriel a Maria Santissima; pela medicina de São Rafael a Tobias; pelo sacrificio de Enoc; pela liberdade de Nöe; pelo sacrificio de Izaac, a quem Deos remio pelo Anjo; pelo sacrificio de Melchisedech; por todos os sacrificios dos sacerdotes; pela castidade, e formosura de Jozeph; pela paciencia de Job; pelo amor e humildade de Moises; pela religião de Aaram, pelas oraçoens, misterios, e virtudes dos Psalmos de David; pelas lamentaçoens de Jeremias; pela oração de Zacharias, por aquelle que vio Moises rosto a rosto, por todos os Santos que louvão a Deos com voz que nunca cessa; pelas vozes dos Anjos, que

Ms. 2559

continuamente cantão Sanctus, Sanctus, Sanctus, Dominus Deus Sabaoth, pleni sunt coeli et terra, gloria tua; e pelo Unigenito Filho e Deos, Jesus Christo Nosso Senhor, que hade vir a julgar vivos e mortos no fim do mundo; pela claridade, Divindade, e resplendor do corpo de Christo; pelas luzes celestiaes; pelos semoens dos Apostolos; pelas lingoas ~~celestiaes~~ dos Evangelistas; pelo sangue e constancia dos Martires, pelas oraçoens e jejuns de todos os Confessores, Monges, e Virgens; pelo Nascimento de Nosso Senhor Jesus Christo, pelo seu baptismo; pela voz do Eterno Pai, que lança trovoens; e no baptismo de seu Unigenito Filho disse: Este he o meu Filho amado, no qual muito me recreio; pelo mesmo Christo, e virtudes de seos milagres; por aquelle milagre que fez o mesmo Christo, convertendo a agoa em vinho nas vodas de Caná em Gallilea; e por aquelle em que multiplicou os paens, e peixes, e fartou quinze mil homens no deserto; e quando ressuscitou a Lazaro; pelo milagre que fez, pondo tranquillidade no mar, fazendo cessar os ventos; andou e fez andar a São Pedro sobre as agoas; pelo mesmo Senhor que foi crucificado, morto e sepultado, e resuscitou no terceiro dia; pela sua admiravel Ascensaõ, e de mil milhoens de Anjos que com elle subirão ao ceo; pela vinda do Espirito Santo sobre os Apostolos, e por todos os milagres que o mesmo Senhor fez, e cumprio: Eu absolvo este thesouro de todos os maleficios, encantos, ligamentos de feiticeiros, signais; obras, e feitos delles, e a tudo ponho termo, lanço fora, aperto, constranjo, desbarato, destrûo, e arranco, para que daqui e diante não possão fazer mal a este thesouro, e lugar em que se acha; e seja tudo destruido, assim como o mesmo Deos destruîo todas as agoas do diluvio, e toda a substancia da superficie da terra, e afogou a Faraó com todo o seu exercito nas ondas do mar vermelho; assim como destruîo o Rei dos amores, e as cidades nefandas Sodoma, Gomorra, Adama, e Saboim; assim como destruio os gentios Ararir, e Occazias; assim como destruio a Olofernes, Girabel, e Philistiin, profetas de Bäal; assim como destruio os accusadores de Daniel, e os Demonios que estavão nos barcos. Absolva nos Deos, e a este lugar e thesouro de todo o vinculo de feitiçaria e maleficios, ou sejaõ feitos no ar, ou em chumbo, ouro, prata, seda, linho, laã, ossos de homem vivo, ou morto, animaes da terra, aves, peixes, baeta, linha virgem, ou em alguma couza de linho, ou com palavras, ou hervas, em pedras, cabellos, fumos, palhas, ou qualquer outra criatura, ou sejam feitos em sepultura de Judeo, terra de rusticos, hereges, Christaõs, em paredes, bosques, montes, valles, cavernas, ~~valles~~, ou fontes; ou estejaõ da parte do Oriente, ou do occidente, ou do meio dia; ou estejam em vestidos, ou circulos, encruzilhadas, cazas, paredes, camas, cazas, ou couzas da caza; ou estejaõ em arvores, cova, poço, ou cisterna, ou no mar; ou no abismo; ou em bosque, matas, ou couza subterranea; ou estejaõ nas divisoens dos mares, ou dos rios; ou em estatuas, clausura de ferro, ou madeira; ou estejam em bebida, ou em comida, ou outro qualquer lugar, ou de qualquer modo feito, e ainda para matar: Tudo isto seja desfeito e reduzido a nada, em virtude do Santissimo Nome de Deos, e do mais que fica relatado, ficando este thesouro livre de todo o impedimento e vós Senhor o livrai, e a nós de todas as tentaçoens diabolicas, e dos espiritos malignos, e fantasmas, e do poder do demonio, de todos os vinculos de maleficios, e perigos assim espirituaes como temporaes. Amen.

Ms. 2559

Lea no fim o Psalmo 66 da feria 4ª ad matutinum. E o Psalmo 90, Qui habitat &cetera, e logo depois a oração seguinte: Deos que concedestes ao Bem aventurado São Cypriano f.20 com todas as mais [a]the f.21.

Ms. 2559

1º Desencanto geral.

Manica : Manica : Menua : Senua : Ranua : Merua : Ladualha :

Hão se de fazer tres cortezias á roda do sitio do thesouro, e logo prosiga.

Callado : Callado : Callado : Caquudo : Cobode : Parricano : Ludiz : Deniduo : Sibiduas : Palideo :

Todas estas palavras assima se hão de dizer tres vezes, com as cortezias sobreditas, e com ellas se pode entrar em qualquer thesouro.

2º Desencanto geral por hervas.

℟/Viloto, ou releto, folhas de sangrino, folhas de freijo, herva barreira, ou cerude, cardo molar, cebolas, alhos, agoa de romeiro, todos estes generos cozidos com agoa de raias, e banhar bem o sitio onde houver suspeitas que esta o thesouro, e logo será desligado, e desencantado.

Various Prayers to Drive Away the Devil

Preparaçaõ para o desencanto

Primeiramente se leva agoa benta, e se lança sobre o sitio, e ao redor delle: Todos diraõ o acto de contrição, e a Ladainha de Nossa Senhora, pedindo-lhe auxilios, e ajudas, e tambem o Psalmo Miserere mei Deus, athé o verso Tibi solis peccavi, e alguns mais pedindo a Deos misericordia: Logo concorra com os conjuros e oração, e com os conjuros de São Cypriano: Depois farão hũ circulo bem longo á roda de todo o sitio para cavar dentro nelle: Logo se conjuraraõ os demonios com penas de obediência para o lugar que lhes for nomeado, para que naõ impeção o tirar aquelle haver, nem o mudem, nem o affundem, e o conservem na mesma especie em que se poz, sem transmutaçaõ, ou diminuição, nem separação para parte alguma, com pena de obediencia do Padre, Filho, e Espirito Santo.

Proseguese com os Psalmos, e conjuros emquanto se tira, e tirado que seja, conjurase para que o demonio não tenha mais poder naquele haver, lançandolhe agoa benta, lavando nella o que se achar: exorcismará logo o lugar para que o demonio se afugente delle, e não torne mais; e cazo appareção algũas visoens, conjura-las pondolhes preceito, que naõ impeção, ou inquietem o tirar aquelle haver, lançando lhe agoa benta: Se houver fantasma, bicho, ou outro qualquer animal, não ha que temer: atente-se e conjura-lo para que entregue tudo, assim como foi posto, impondo lhe a pena de obediência e preceitos, desterrando-os para os infernos.

As varas se hão de fazer de oliveira que não dé fructo, e se hão de cortar no Domingo de Ramos, e benzerse com os mais ramos, hão de estar aos ofertórios(?) toda aquella semana [a]the a 6º feira, e hão de entrar no enserramento [a]the a Ascenção do Senhor.

<u>Renunciase todo o pacto</u>

Modo de mandar as varas

Em Nome do Padre, e do Filho, e do Espirito Santo. Amen Jesus. Conjurovos, varas preciozas pelo Senhor que vos fez, que em toda a parte ou lugar onde houver ouro, prata, moeda lavrada ou por lavrar, peças de ouro ou prata lavrada de qual quer modo que seja, pedras preciozas, ou panos de seda; que ao mesmo tempo sem vos torcer para outra parte, que não seja aquella onde está o haver que busco, vos inclineis sem tardança alguma pelos Santisimos Nomes de Jesus Christo, vos abaixeis todas juntas a hũa, assim como baixou o Archanjo São Gabriel adonde estava a Virgem Maria Senhora Nossa, e a saudou dizendo Ave Maria chea de graça, o Senhor he comtigo, assim como o dia do Nascimento de seu bemdito Filho foi festejado pelos Astros, Anjos, e homens, assim como no dia de sua circuncisão foi o mesmo Senhor levado a templo pela mesma Virgem sua Mãy, e ali offerecido por ella, e o Santo velho Simeão o recebeo, e tomou em seos braços, e no dia de sua epifania foi adorado pelos tres Reis Magos Gaspar, Melchior, e Balthazar com grande devoção, os quaes desde os seos Reinos o buscavão, e achando-o lhe offerecerão incenso, ouro, e mirra, e se voltarão para suas terras, assim o mesmo Deos nos depare por meio destas varas o thesouro que buscamos: assim como Santa Elena achou a

Santa Cruz em Jeruzalem; e Jesus Christo Salvador do mundo disse na Cruz ao ladraõ Dimas que estava á mão direita, hoje estarás comigo no Paraiso, e inclinando a cabeça espirou, assim vos varas digaes e mostreis a verdade. Padre Nosso, e o Psalmo 109 – Dixit Dominus &cetera.

Outra mais breve

Varas preciozas, eu vos mando e requeiro em Nome do Padre, e do Filho, e do Espirito Santo me mostreis com toda a verdade o lugar certo onde está este tesouro que busco, ou elle esteja em ouro, prata, moedas, barras, balas, margaridas, pedras preciozas, ou em outras couzas de mesmo valor e estimação; e tambem vos mando em nome do mesmo Senhor, vos não inclineis a outra parte alguma, que não seja o lugar do mesmo thesouro, e se o não houver nem couza alguma das sobreditas, vos inclineis acima, ou fiqueis immoveis, sem que em nada falteis á verdade. Varas preciozas e bemditas, tambem vos requeiro e mando pelos cabellos de Moises, pelos da Magdalena, e pela embaixada que deo o Archanjo São Gabriel a Maria Santissima Senhora Nossa, Virgem antes do parto, no parto, e depois do parto sempre Virgem; e assim como o souberes mo manifesteis claramente e sem fallencia alguma.

Christo vence, Christo reina, Christo manda, Cristo nos defenda de todo o mal, e nós dê a gloria eterna. Amen.

Benção das varas accomodadas para açoutar os demonios, e para descubrir e mostrar os lugares, onde estaõ os thesouros, e outras quaes quer couzas.

Exorcismo

℣ Nossa ajuda he em nome do Senhor.
℟ Que fez o ceo, e a terra.

Exorcizo-vos, varas, creaturas de Deos, por amor daquelle que vos criou, e a toda a erva verde, que produz semente, e fez as arvores de fructo conforme sua geraçaõ, como ao mesmo Deos pareceo; para que nenhuma communicaçaõ tenhaes com os Anjos apostatas, e lançandos fora do ceo; mas sim sejaes varas exorcizadas, ✠ e bemditas ✠ para afugentar os demonios, mostrar clara e patentemente o lugar de algum thesouro de ouro, prata, margaritas, pedras preciozas, como diamantes, ou outras quaes quer de summo valor, ou de qualquer qualidade que sejaõ ou outras quaes quer couzas que sejam, posto que de altissimo preço, e ainda de couzas furtadas, ou perdidas, e de tempos muito antigos, e para dar resposta segura em todas as couzas ja ditas, e feitas por vos, sem dolo, nem enganeis a aquelles que usarem de vós, antes mostreis sempre a verdade, de sorte que este se veja claramente, e com toda a certeza, por amor de Jesus Christo que no madeiro da Cruz venceo a Lucifer e seos sequazes, em Nome do Padre, e do Filho, e do Espirito Santo. Amen.

Various Prayers to Drive Away the Devil

Oremos

Deos eterno, e omnipotente, que com a vossa virtude metteis debaixo dos vossos pés aos corpos, mudaes as virtudes naturaes, e infundiz admiravelmente em vossas criaturas, a beneplacito de Vossa Divina Magestade para que concorramos á vós só, como Deos omnipotente, que só obraes couzas admiraveis: humildemente rogamos á vossa Divina Magestade para que vos digneis lançar a benção a estas varas exorcizadas. Lançai lhes Senhor a benção, assim como a lançastes a vosso Unigenito Filho no baptismo do Jordão; Santificai estas varas ✠ assim como santificastes a vara de Moises, e a arca de testamento; lançai lhes a benção ✠ assim como a lançastes á vara vigilante; santificai estas varas ✠ assim como a vara de Israel da sua herança; assim como as varas de El Rei Assuero; e assim como se santificou o madeiro da cruz com o sangue preciosissimo de vosso Unigenito Filho: assim eu em vosso Santo Nome ✠ lanço a bençaõ, e as santifico, para que vos digneis infundir a virtude forte da vossa Divina Justiça sobre estas varas, para que nos mostrem e façaõ patentes com toda a clareza os lugares dos thesouros de ouro, prata, pedras preciozas, diamantes, e outras quais quer couzas de grande preço e valor; e tambem mostrem claramente as couzas de grande preço e valor; e tambem mostrem claramente as couzas furtadas e perdidas, e os tempos que tem decorrido, e os mais acima dito com toda a verdade e segurança, de sorte que qual quer em o no nome Santissimo de Deos use destas varas seguramente, sem que tema offensa, ou engano algum diabolico, ou dos ministro do demonio, e seos sequazes nem de dia nem de noute; antes sim estas sejaõ o açoute e perseguição delles em virtude do excelso nome de Deos, e accomodadas para todas as couzas acima referidas em primeiro lugar, e em segundo para ajuntar e açoutar os demonios que cercaõ e guardam os lugares dos thesouros, assim como a vara de Moises e Aaram convertida em serpente que tragava e devorava dragoens e basiliscos. Consenti Senhor que estas varas fação couzas admiraveis, assim como as outras as obrarão no Egipto; tenhão tal força estas varas solidas castigando, como a vara de ferro acabando, abreviando, e aniquilando a soberba dos demonios, e seos ministros. Lançailhes Senhor finalmente a vossa benção ✠, e santificai-as ✠ para que sejam varas fortes, mostrando claramente todo e qualquer thesouro, couzas furtadas, occultas, ou perdidas, e juntamente o bom ou mao tempo, sem fallacia ou dolo, precipitando aos demonios no inferno, assim como os precipitou do ceo o Archanjo São Miguel, em virtude do Santo Nome de Deos. Amen

Lançará agoa benta.

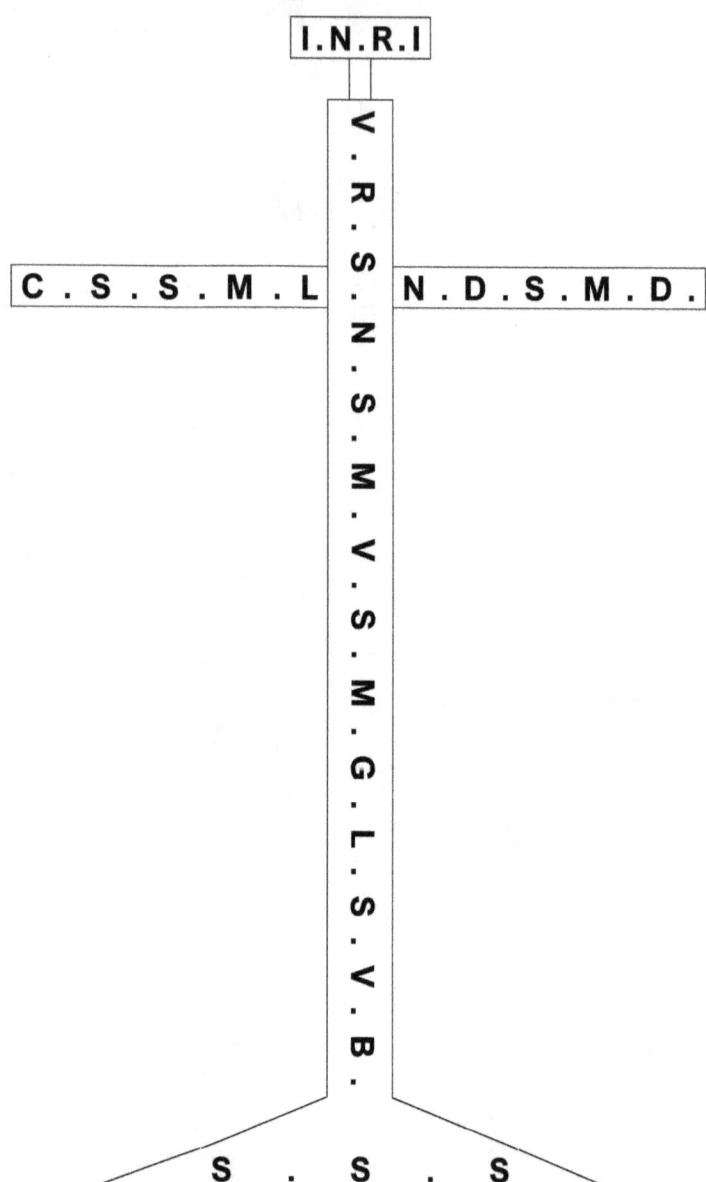

www.ingramcontent.com/pod-product-compliance
Lightning Source LLC
LaVergne TN
LVHW091309080426
835510LV00007B/436